【龙吟妙解苏东坡】丛书

苏东坡

的情感世界

龙 吟 ◎ 著

暨南大学出版社
JINAN UNIVERSITY PRESS

中国·广州

图书在版编目（CIP）数据

苏东坡的情感世界/龙吟著.—广州：暨南大学出版社，2018.1（2024.1
重印）
（龙吟妙解苏东坡）
ISBN 978 - 7 - 5668 - 2272 - 7

Ⅰ.①苏…　Ⅱ.①龙…　Ⅲ.①苏东坡（1036—1101）—人物研究
Ⅳ.①K825.6

中国版本图书馆 CIP 数据核字（2017）第 294008 号

苏东坡的情感世界
SU DONGPO DE QINGGAN SHIJIE

著　者：龙　吟

出 版 人：阳　翼
项目统筹：晏礼庆
策划编辑：杜小陆　潘雅琴
责任编辑：亢东昌　彭　睿
责任校对：李林达　苏　洁
责任印制：周一丹　郑玉婷

出版发行：暨南大学出版社（511443）
电　　话：总编室（8620）37332601
　　　　　营销部（8620）37332680　37332681　37332682　37332683
传　　真：（8620）37332660（办公室）　37332684（营销部）
网　　址：http://www.jnupress.com
排　　版：广州市新晨文化发展有限公司
印　　刷：广州市快美印务有限公司
开　　本：787mm×960mm　1/16
印　　张：16.25
字　　数：260 千
版　　次：2018 年 1 月第 1 版
印　　次：2024 年 1 月第 2 次
定　　价：78.00 元

目录 Contents

逃婚篇

在四川眉山的中心广场
矗立着三苏的巨型造像
苏轼被置于父亲和弟弟的前头
他少年时逃婚的事
已经被历史尘封

苏轼逃婚： 毋庸回避的一段史实

> 十年生死两茫茫。
>
> 不思量，自难忘。
>
> 千里孤坟，无处话凄凉。
>
> 纵使相逢应不识，
>
> 尘满面，鬓如霜。
>
> 夜来幽梦忽还乡。
>
> 小轩窗，正梳妆。
>
> 相顾无言，惟有泪千行。
>
> 料得年年断肠处，
>
> 明月夜，短松冈。

这是苏轼著名词作《江城子·乙卯正月二十日夜记梦》，作于宋神宗熙宁八年乙卯（1075），当时作者在密州知州任上。这首词为苏轼怀念结发之妻王弗而作，王水照先生曾云，此词"含悲带泪，字字真情，将满腔思念倾注于笔端，创造出缠绵悱恻浓挚悲凉的感人意境"①，实为定评。我们对苏轼爱情故事的解读，就先从这首"缠绵悱恻浓挚悲凉"的《江城子》和王弗的故事开始。

苏轼一生共有三个伴侣：结发之妻王弗、继室王闰之、侍妾王朝云，

---

① 王水照、崔铭：《苏轼传：智者在苦难中的超越》，天津：天津人民出版社2000年版，第36页。

苏轼与她们情真意笃。王弗生长子苏迈；王闰之生次子苏迨和三子苏过；朝云在黄州时生下四子苏遁，遁却不幸夭折。朝云在闰之病逝后，安居侍妾之位，陪着苏轼贬谪岭南，不幸病死于惠州。

眉山三苏祠，笔者曾多次前往拜访

有一种奇特的言论，非常值得注意。钟来茵先生在《苏东坡三部曲》"总序"中说：

> 一旦我们了解了真实的历史事实，才知道苏轼对前面两位夫人，感情平平淡淡，诗人为她们献上的作品仅一二篇；而东坡对朝云爱得炽热、持久，诗人为其所写的作品竟然超过二十篇。①

在学术著作可以量化的今天，爱情质量也用题诗多少来量化。按此道

---

① 钟来茵：《苏东坡三部曲》，上海：文汇出版社 1999 年版，第 1 页。

理，晚年爱上比自己小约三十岁的歌星梁菁菁的梁实秋先生，在短短的时间里写了上千封情书（有时一天多达三封），和他相比，苏轼对朝云的爱，也应算作很平淡呢！然而苏轼一曲《江城子》，使天下中华识字儿女无不能诵"十年生死两茫茫"，若让梁实秋先生选编《古今十大爱情诗文》，想必也不会将这首词摒弃吧。

钟来茵先生所说的"一旦我们了解了真实的历史事实"，除了诗篇多少之外，还有一个依据。他说：

> 苏轼多次宣布，他年轻时欲隐林泉，不愿结婚，不愿出仕，迫于父母之命，才改变初衷的。由此可见，苏轼与王弗的结合，是父母之命，媒勺（龙吟按：应为"妁"）之言的产物，不是一对年轻男女强烈感情的产物……任何事物都是通过比较才有区别，苏轼对王朝云的强烈的爱情，反衬出苏轼与王弗的感情是较为一般的。

王弗病逝于治平二年（1065），苏轼纳朝云为妾则是十年后的事，二人如何"比较"？况且钟氏在书中也曾推断：苏轼纳朝云为妾，既与顶头上司、当时的杭州太守陈襄故意安排有关，又跟自己夫人王闰之的催促密不可分，[①] 这里有没有"长官之命""贤内充媒"的因素？而"苏轼与王弗的结合，是父母之命，媒妁之言的产物"，却是纯乎臆测。

所谓"苏轼多次宣布，他年轻时欲隐林泉，不愿结婚，不愿出仕，迫于父母之命，才改变初衷的"，依据有两个：一是苏轼的《与刘宜翁使君书》：

> 轼龆龀好道，本不欲婚宦，为父兄所强，一落世网，不能自逭。

---

① 钟来茵：《苏东坡三部曲》，上海：文汇出版社 1999 年版，第 319－324 页。

刘宜翁是曾在三茅山学道的隐逸之人，晚年被贬于惠州的苏轼与他通信，谈及自己童年喜欢出家学道，不想结婚、不想做官之事，应是出自肺腑之言。苏轼七八岁时随眉山道士张易简读书，晚年在海南，这位先生还入梦对他进行教诲（见《众妙堂记》），"龆龀好道"定与这位道长有关。至于"不欲婚宦"，原因是曾被"父兄"强加给婚姻。这里的"父"不仅指父亲，伯父也是父辈；兄即指其伯父苏涣的儿子苏不欺、苏不疑等，可是他们所"强"之人是不是王弗呢？

宋人《东园丛说》记载着苏轼少年时的另一段姻缘：

> 王子家言及苏公少年时，常夜读书，邻家豪右之女，尝窃听之，一夕来奔，苏公不纳，而约以登第后聘以为室。暨公及第，已别娶仕宦。岁久访问其所适何人，以守前言不嫁而死。其词有"幽人独往来，缥缈孤鸿影"之句，正谓斯人也。"拣尽寒枝不肯栖，枫落吴江（一作沙洲）冷"之句，谓此人不嫁而亡云也。

苏轼的《卜算子》词寓意何在，至今众说纷纭（涉及四个女子），这里不必卷入。我们要注意这段话的前半部分，所说的正是苏轼的婚姻问题。

《东园丛说》为南宋初年李如篪所撰，《四库总目提要》认为其书虽被后人掺入杂说，但所记之事多"典核不苟"，因此作了"其书可采"的结论。

更重要的在于，王子家并非道听途说之徒，他是苏轼友人王廷老的儿子、后来成了苏辙三女婿的王浚明。[①] 王子家活了八十五岁，直到绍兴二十三年（1153）才去世。侄女婿述说大伯丈的隐私，绝不可捕风捉影。

钟来茵先生的所谓"苏轼多次宣布"，其实只是两次，另一次是在《与王庠书》中：

---

① 参见曾枣庄：《三苏姻亲考》，载氏著《三苏研究》，成都：巴蜀书社 1999 年版，第 87 页。

轼少时本欲逃窜山林，父兄不许，迫以婚宦，故汩没至今。

王庠是四川荣州人，荣州离眉山仅百里之遥，二人不仅是同乡，还是"姻亲"。王庠生于神宗熙宁七年（1074），比苏轼整整小 28 岁。苏轼此信，写于晚年被贬"海峤"之际，即 60 岁以后，当时王庠正值壮年，准备参加科举。

于是我们不禁要问：为什么年近不惑的大名士，要对一位后生谈及自己少年时的婚事？

回答只有一个：王庠对苏轼早年的婚事多少知道些底细。

苏轼在给黄庭坚的信中透出了这个消息："有侄婿王郎，名庠，荣州人。"（《与鲁直书》）瞧，原来这位后生也是苏轼的侄婿。联想到苏轼两番强调"为父兄所强""父兄不许"，这位仁"兄"应是王庠的岳父。试想，如若王庠对长辈的隐私一无所知，苏轼偏要与他谈论此事，不是此地无银三百两么？

由此可以断定，苏轼在娶王弗之前，还有一段婚姻。不然的话，他的"不欲婚"、父兄"迫以婚"就无从谈起。这是一段亲人讳言的往事，苏轼在与知情的侄婿通信中透露了一点消息，另一位侄婿则在晚年将这段秘密泄露了出去。

只因逃婚，少年苏轼才躲进山寺

学术研究不能仅靠推论，要有真凭实据。幸运的是，眉州一带的方志提供的证据表明：少年苏轼确实如他所言，经常"逃窜山林"。孔凡礼先生的《苏轼年谱》① 提供了大量的资料：

连鳌山，在（眉州）西南九十里，山形如鳌，旁即栖云寺。东坡少时读书寺中，尝于石厓上作"连鳌山"三大字，大如屋宇，雄劲飞动。

——《蜀中名胜记》卷十二《眉州》

栖云山，（眉山县）治西八十里。山阴与丹棱赤崖相对，层峦绝壑，翠障丛蹊，积为佳胜。下临栖云寺。旧传东坡病后游栖云寺，有题壁诗，今亡。

——《眉山县志》卷一

三峰山，（眉山县）治西七十五里。……山右有洞，……俗名巴蛇洞，《蜀故》云：有东坡读书处。

——《眉山县志》卷一

---

① 孔凡礼：《苏轼年谱》，北京：中华书局 1998 年版。

　　东坡山，（眉山县）治南四十里。有实相寺，相传系东坡读
书院。

——《眉山县志》卷一

　　华藏寺，（眉山县）治南三十里。上有东坡读书台古迹。

——《眉山县志》卷十三

　　（眉）州治五里山华藏庵前，一峰突起，平如掌然，为东坡
先生读书堂。……（上）岩在（州）治东南十八里。……岩有三
石筍鼎峙，宋苏东坡尝读书于此。

——《眉州属志》卷二《古迹·青神·上岩》

　　去上岩二里许……有唤鱼池，……东坡书"唤鱼池"三
大字。

——《眉州属志》卷二《古迹·青神·中岩》

　　连鳌山、栖云寺、三峰山、巴蛇洞、实相寺、华藏庵、上岩、中岩、
唤鱼池，遍及眉山西、南、东南各地，远者七八十里，近者也在山中。苏
轼自嘉祐二年（1057）中进士后，曾经两度返回眉山，均系为父母守丧，
此间他绝无逃到山中读书悟道之理。这些遗迹，处处都在印证着他的坦
言："轼龆龀好道"，"少时本欲逃窜山林"。由此可见，苏轼后来屡次说：
"余本田家，少有志丘壑"（《跋李伯时卜居图》）、"嗟我昔少年，守道贫
非疚"（《次韵答章传道见赠》），绝不是一般文人的故作清高，强说归隐。
　　既然苏轼"逃窜山林"与婚姻有关，那么这个婚姻另一方是不是王
弗呢？
　　回答是否定的。苏轼与王弗成婚于至和元年（1054），苏轼已 19 岁，
在当时应算"大龄青年"，与"少年"和"龆龀"相去甚远。从苏辙 17
岁而娶史氏来看，苏家给苏轼议婚也应在 16 岁前后。而那时王弗年仅 13
岁，根本不存在这种可能。

"连鳌山"三个大字，传为苏轼少年时手书

《东园丛说》说苏轼读书于山中，结识"邻家豪右之女"，这与王弗的家境更远。王弗之父王方仅是青神县的一名乡贡，家境远远比不上苏家。

从苏轼的足迹来看，他与王弗成婚之后，终日埋头读书写文章，王弗"见轼读书，则终日不去"（《亡妻王氏暮志铭》），两情相悦，毫无芥蒂。在这前后，苏轼开始与父亲的好友史经臣议论古今人物，[①] 并随父亲到成都拜见大帅张方平去了，俨然是位中规中矩的谦谦学子，因此才能在婚后两年便一举"出人头地"，名动京师。

那么苏洵在早年给苏轼所议婚事，究竟是什么人家的女儿？是何方"豪右之女"呢？

_____

① 见《苏轼文集》卷一《思子台赋》、卷七十二《史经臣兄弟》及孔凡礼先生《苏轼年谱》第34页。

父兄所强： 逼娶对象为太守之女

宋代著名笔记《邵氏闻见后录》卷十五有一段话，值得我们深思：

> 眉山老苏先生里居未为世所知时，雷简夫太简为雅州，独知之。以书荐之韩忠献、张文定、欧阳文忠三公，皆有味其言也。三公自太简始知先生。后东坡、颍滨但言忠献、文定、文忠，而不言太简，何也？

持此疑问的其实不止邵博一人，下边还有三则宋人的记载，很少被人们觉察：

> （苏）洵初入京师，益帅张文定荐之欧阳公，世皆知之；而有雷简夫者，为雅州，以书荐之张、欧及韩魏公尤力，张之知洵由简夫，世罕知之。雷之书文，亦慨慷伟丽可喜。
> ——马端临《文献通考》卷二百三十五《经籍考》六十二

> 人知乐全之荐东坡，不知三苏之始进自雷简夫之荐。
> ——谢采伯《密斋笔记》卷四

> 老泉布衣时，初未有名。雅安守刘太简简夫独深知之，以书荐于韩魏公、欧阳文忠公、张文定公，辞甚切至，文亦高雅，今蜀人多传其本，而东坡、颍滨二公独无一语及太简者。老泉集

中，与太简往来亦止有《辞召试》一书耳。如《与太简请纳拜书》，蜀人至今传之，集亦不载。初疑偶然耳，久之又得老苏所作《太简墓铭》，亦不在集中，乃知编集时有意删去。不知其意果何如也？

——陆游《老学庵续笔记》

雷简夫何许人也？原来他是宋初殿中侍御史雷德骧的后人。雷德骧有两个很出名的儿子，长子雷有邻因为爱揭人阴私、告黑状而耸动朝野；次子雷有终因先后参加剿平成都的李顺、王均两次"叛乱"而赫赫有名（见《宋史》卷二百七十八本传）。雷简夫是雷有邻的孙子，父亲是雷孝先。雷孝先早年曾因"内乱"（乱伦）而遭其舅舅卫濯告发，连累祖父、父亲三人同时被贬，名声不佳。后来他随其叔雷有终赴成都征讨王均有功，又被起用，晚年分司西京。可能是祖父、父亲名声太差的缘故，雷简夫既没参加科举，也没求个荫封，而是走起"终南捷径"，隐居在深山，骑牛出入，自称"铁冠道长"。然而他身在草野，心在魏阙，经常到朝廷大员那里谈论用兵之道。康定元年（1040），他终于打动了枢密使杜衍，在后者荐举下，雷简夫以处士身份被仁宗破格召见，以秘书省校书郎签书秦州观察推官，后知坊州、简州、雅州。十余年间，他与朝廷名士诸如宋祁、张方平、司马光、王安石等都有交往，宋祁甚至在诗中称赞他"高气横九州"（《墨池编》卷三）。

孔凡礼先生的《苏轼年谱》将苏洵带领苏轼拜见张方平的时间定在至和元年（1054），这是准确无误的；可《苏轼年谱》将苏洵与雷简夫交往系在嘉祐元年（1056），是个明显的疏漏。因为苏洵拜见张方平，是出于雷简夫的推荐，他手中还持有雷简夫的信。苏洵远在没见张方平之前，就与雷简夫非常稔熟了。《苏轼年谱》的疏漏，出于《舆地纪胜》的误导。《舆地纪胜》卷一百四十七《雅州》云：

雷简夫：至和初，侬智高走入云南，蜀人相惊，以智高且至。知益州张方平乞用简夫知雅州。

《宋史》卷二百七十八《雷简夫传》说雷氏"知坊州、徙简州，用张方平荐，知雅州"，根本没说张方平当时在成都任上。而雷简夫知雅州，不单是侬智高的传闻，更重要的还是防止那里此起彼伏的"蛮獠"即少数民族的起兵骚扰（《宋史》卷四百九十三）。《舆地纪胜》移花接木，却颠倒了时间。即使与侬智高有关，侬智高被狄青所败逃到云南在皇祐五年（1053）正月，也是张方平知成都前两年的事情。

到底雷简夫是何时到雅州的？宋代官员转官以三年为期，雷简夫康定元年（1040）被召，授以秦州观察推官，后知坊州、简州，包括转官迁延，应是十年到十一年左右，那么他知雅州至迟也在皇祐四年（1052）。

《邵氏闻见后录》里完整地收有雷简夫当年向韩琦、张方平、欧阳修三人推荐苏洵的信，信的内容可以帮助我们解开谜底。这几封信虽然写于张方平到成都任之后，但里面却透露出雷简夫与苏洵交往的岁月：

> 简夫……得郡荒陋，极在西南，而东距眉州尚数百里。一日，眉人苏洵携文数篇，不远相访。读其《洪范论》，知有王佐才；《史论》得迁史笔；《权书》十篇，讥时之弊；《审势》《审敌》《审备》三篇，皇皇有忧天下心。……洵年逾四十，寡言笑，淳谨好礼，不妄交游；亦尝举茂才，不中第，今已无意。

"年逾四十"，应指41到45岁之间，若是46岁以后，应称"年近五十"才对。庆历七年（1047）五月，苏洵之父苏序病逝，苏洵在秋天闻讯，归家为父守丧，一直杜门在家；皇祐二年（1050），服满才开始写《洪范论》《权书》《审势》《审敌》等文章，翌年（1051）将女儿八娘嫁与内侄程之才，此后开始外出寻找出路，曾于皇祐三年（1051）以诗谒见张方平的前任田况，并没得到重用；[①] 这时他才转向雅州拜见未中过进士（这是苏洵心中的痛）、却以布衣受到重用（这是苏洵心中大愿）的雷简夫。雷简夫说他们相见时苏洵年逾四十，正好说明时间在皇祐四年

---

① 见曾枣庄：《苏洵评传》后附《苏洵年谱》，成都：四川人民出版社1983年版。

（1052），这时苏洵 44 岁。

苏洵在诗中也曾清楚地交代过这方面的信息：

> 到家不再出，
> 一顿俄十年。
> 昨闻庐山郡，
> 太守雷君贤。
> 往求与识面，
> 复见山郁蟠。

雅州有山，也名庐山。这首《忆山送人五言七十八韵》的"人"，分明指雷太简，苏轼兄弟在编父亲诗文集时，故意将他的名字隐掉了，这又给人们留下一个疑团。另需说明的是，"到家不再出，一顿俄十年"，是指苏洵庆历七年（1047）落第后，回家给父亲苏序守丧，十年没有出川、没有再赴京师应举求官，而不是十年没离开家门。从庆历七年到嘉祐元年（1056），首尾相连整整十年，此间苏洵就曾多次去成都，先后拜见田况和张方平，有时还带着儿子，而"忆山"之"忆"与"昨闻"之"昨"，都说明苏洵见雷简夫是件往事。

雅州庐山冬日景色

平心而论，雷简夫是第一个真正赏识苏洵的人。而苏洵的《审势》《审敌》等文章，确实撞到正在加紧备战的雷简夫心坎上。苏洵有个"颇好言兵"①的美名，殊不知他的"颇好言兵"是受"关中用兵，以口舌捭阖公卿"的雷简夫的影响（见《宋史》本传）。雷简夫对苏洵极为赏识，多方举荐，那三封信，除了在韩琦那里没有生效以外，张方平和欧阳修都成了成就三苏声名的关键人物。对这一点，苏洵是没齿不忘的，后来雷简夫早年在长安贪财受贿的劣迹被刘敞查出，晚景十分惨淡，即便如此，苏洵还是写了《雷太简墓铭》，其中"呜呼太简，不显祖考……有功不多，孔铭孔悲！"之句，可谓甜酸苦辣咸五味俱全，不了解他们这段交往，怎知其中深意？

位于陕西渭南合阳的雷简夫故里，当地人称雷简夫为"旷世伯乐"，因他发现了"三苏"

---

① 曾巩：《苏明允哀词》，《曾巩集》，北京：中华书局1984年版，第326页。

　　弄清这段史实，我们便能理解为什么曾在雅州为官的邵博在搜罗到雷简夫热情洋溢地荐举苏洵的信后，要发出"东坡、颍滨但言忠献（韩琦）、文定（张方平）、文忠（欧阳修），而不言（雷）太简，何也?"之问。而陆游的"东坡、颍滨二公独无一语及太简者"，以及对二苏"编集时有意（将与雷简夫相关的文章）删去，不知其意果何如也"的困惑，件件事出有因。

　　纵观苏轼、苏辙二人诗文集，并非兄弟二人"独无一语及太简者"。后来苏轼有一次在谈书法技艺时，曾以不屑的口吻提过雷简夫一句。① 而除此之外，目前尚未发现其他痕迹。

　　为什么大苏、小苏要将雷简夫屏于生活之外，甚至是记忆之外?

　　如前所述，苏洵与雷简夫相见相知是在 44 岁左右即皇祐四年，这时恰好苏轼 17 岁、苏辙接近 15 岁，正是谈婚论嫁的最佳时期。

---

　　① 　见《苏轼文集》卷六十九《书张少公判状》。

无奈退婚： 苏洵做出明智之举

幸运的是，曾被苏轼兄弟删掉的苏洵与雷简夫的一封重要书信，还是被陆游等人发现了。这封信虽然很短，却足以揭开苏轼兄弟二人对雷简夫讳莫如深的谜底：

> 赵郡苏某袖书再拜知郡殿丞之前：夫礼隆于疏，杀于亲。以兄之亲，而酹则先秦人，盖此见其情焉。某与执事道则师友，情则兄弟，伛偻跪拜，抗拜于两楹之间，而何以为亲？愿与执事结师友之欢，隆兄弟之好。谨再拜庑下，执事其听之勿辞。不宣。
>
> ——原名为《与雷太简纳拜书》，载《东莱标注老泉先生文集》卷十一

宋人的"纳拜"有两种情况，一是接纳下级或后辈对自己的拜望，如欧阳修在颍上对曾是政敌的吕夷简之子的"纳拜"（《耄馀杂识》《读书镜》卷一）、文彦博对后生司马光的"纳拜"（司马光《涑水记闻》卷十五、《续资治通鉴》卷七十二）；再者是有世交或"通家"之谊的兄弟之间互相"纳拜"（张师正《括异志》卷十、陆游《老学庵笔记》卷九、周密《齐东野语》卷九）。不论是哪种情形，雷简夫都不应去"拜"苏洵。这里苏洵所说的"纳拜"，显然是指因"纳""亲"而"拜"。很显然，这是一封言辞委婉的辞亲信，苏洵的意思是我们形同兄弟，平时无话不谈，如果再进一步，结为"亲"家，将会碍于情面，没法直言争辩了，"道则师友"的情分被扼杀，因此他重申要"隆兄弟之好"。好一个"礼隆于疏，

杀于亲"，苏洵不愧是个文章大家、言辞斡旋高手。

这篇文章之所以在编集时被苏轼兄弟删掉，原因已无须赘言。

苏洵之所以要辞亲，一与苏轼宁死不从，躲进山林逃婚有关；二是他与儿子一道，发现雷简夫不再那么简单；更重要的是，他最钟爱的女儿八娘，因父母包办婚姻而被姑婆逼死，他在心碎之余，决意遵从儿子的选择，不让他重蹈覆辙，这些下文详谈。

回过头来我们再看看苏轼所说的"不欲婚宦"

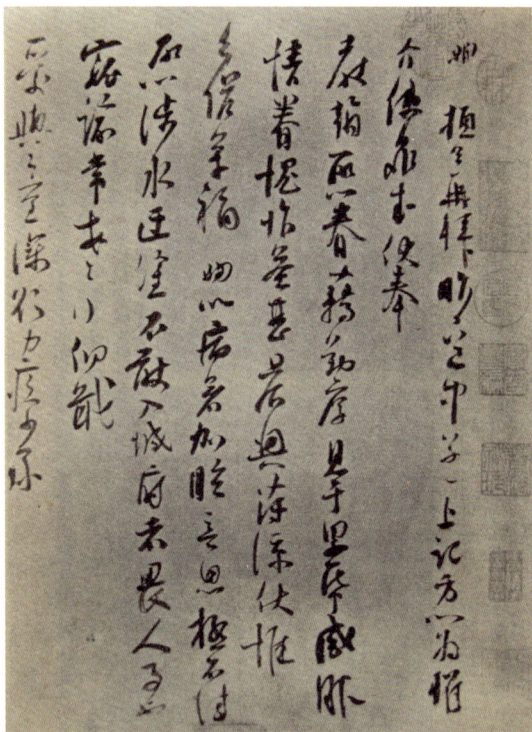

苏洵洒脱而率意的手迹

和"父兄所强"，以及《东园丛说》中所说的因"夜读书"而与"邻家豪右之女"的姻缘，冰山便已露出一角。

史料表明：苏轼兄弟二人不仅曾随父亲到过雅州，拜见过雷简夫，也确实在雅州读过一阵子书。《舆地纪胜》卷一百四十七《雅州》篇记载着"老苏携二子来谒"，还标明在府衙的后院有一处地方，名为"双凤堂"，这个堂专"为二苏设"，苏轼兄弟曾在这里读书。

"双凤堂"便是专门款待两只"凤凰"的客舍。原来在雅州北面不远的地方就是邛州（距离比眉州近得多），当年司马相如就是在那里用一曲《凤求凰》而博得卓文君芳心的，雷简夫专门用"双凤堂"来安置苏家两位公子，用意之显，还用深究？

这让我们不由想起后来苏轼兄弟中进士后，回乡给母亲守丧时，梅尧臣写给苏洵的《题老人泉寄苏明允》诗，其中专门说到"家有雏凤凰"。

诗人用意遥深，岂止只是巧合？作为欧阳修和苏洵的挚友，梅尧臣完全有可能听苏洵说过这件事情。

苏轼兄弟少年时去雅州"双凤堂"读书时的必经之路：青衣江

苏轼兄弟在雅州决非三日两日，因为在明代，雅州的龙兴寺内还保存着苏轼的墨迹。那时人们还将三苏的名字列入当地的"贤范堂"内，三苏俨然曾是雅州人的典范。

由于苏轼在雅州滞留时间颇长，使他有一些雅州朋友，这就是后来一直与他有联系的雅州户掾王庆源和小吏蔡子华、杨君素。这些人当年应是负责接待三苏父子、与之谈诗说文的人，王庆源后来成了苏轼的叔丈。

苏轼的诗文中，后来多次提及雅州名胜青衣江："慈姥岩前自唤渡，青衣江上人争扶。"（《雅州户掾……》）"想见青衣江畔路，白鱼紫笋不论钱。"（《寄蔡子华》）他连雅州自由市场上卖鱼售笋的情形都了如指掌，当年岂止是偶然一访？

话题再回到《东园丛说》上。那个深夜窥探苏轼读书的"豪右"之

女，此时便不难定论了。"豪右之家"非雷简夫莫属。雷简夫的豪侈是出了名的，《宋史》本传称其出仕以后便开始"骄侈，驺御服饰，顿忘其旧"，致使人们嘲笑他说："牛及铁冠安在？"

雷简夫为官颇有政声，不会明目张胆地收受贿赂，但他父辈时家道便已衰败，他的前半生又一直隐居，豪侈之钱从何而来？

《彭城集》卷三十五《刘敞行状》向人们揭示了他"纳金"的绝招：长安大姓范伟为了逃避赋税，竟然盗掘前任武功县令范祚的墓，将自己的祖母与他合葬。为了提高可信度，范伟还花巨资请刚刚被皇上破格任命为本地观察推官的雷简夫写了一篇假的墓志，由此范伟一直享受免税待遇。五十年后，也就是嘉祐六年（1061），刘敞出任长安大帅，才将这个无耻的欺诈行为查个水落石出，范伟被处以严刑，雷简夫也因此名声扫地。

苏轼与苏辙随父拜见雷简夫，绝不会在二人都成亲之后。如若那样，雷简夫再设"双凤堂"以容大苏、小苏，再要与苏洵结为"亲"家，岂不是笑话？

稍作留意便会发现，苏轼的身影里绝非一点雷简夫的印记都没有。"龆龀好道"的苏轼有个道号，叫作"铁冠道人"（宋·洪迈《夷坚志》丙志卷十三《铁冠道士》："坡在海上尝自称铁冠道人"），而雷简夫的道号恰恰叫"铁冠道长"。两个"铁冠"之间难道仅是巧合？

晚年追忆：寂寞莲灯半在亡

行文到此，大家不禁要问：苏轼少年时代的这桩未成婚事，难道他在后来从未提起？

当然不会。本文一开始就提到的，苏轼两次向别人说起"逃婚"，就毫无避讳地向友人和晚辈透露了这事。

苏轼在徐州当太守时，有篇著名的词作，叫《永遇乐·夜宿燕子楼，梦盼盼，因作此词》，是写给官妓马盼盼的。词的下半阕是：

> 天涯倦客，山中归路，
> 望断故园心眼。
> 燕子楼空，佳人何在？
> 空锁楼中燕。
> 古今如梦，何曾梦觉，
> 但有旧欢新怨。
> 异时对、南楼夜景，
> 为余浩叹。

从苏轼学生晁补之开始，古今赞赏此词的人，多称它用典精切，"只三句，便说尽张建封事"①；或是"咏古之超宕，贵神情、不贵迹象"②，

---

① 宋·曾慥：《高斋漫录》引。
② 清·郑文焯：《手批东坡乐府》。

仅有一个佚失了姓名的人曾发现此词"惆怅激枭"①。究竟是什么让苏轼既惆怅，又激越凄楚呢？

月色中的徐州（彭城）燕子楼，苏轼曾在此思念家乡的"旧欢"

细细玩味便可知道，这首词的关键所在，是作者所发出的"古今如梦，何曾梦觉，但有旧欢新怨"。这里的"新怨"，是指对他十分倾慕的徐州歌妓马盼盼，那么还有"旧欢"呢？词人在前面的"天涯倦客，山中归路，望断故园心眼"已然透露，"旧欢"在故园。看到燕子楼，想起张建封父子与关盼盼的传说，再思量眼前和自己形影不离的马盼盼，苏轼不由想到故园曾有的"旧欢"。"欢"，在古代就是"情人"的代名词。所以，他才于茫茫夜色，在小园里慢慢思索，结果"重寻无处"，一切都是空的，这才发出"古今如梦"的慨叹。清人刘体仁读了此词，曾有所感悟地说：

① 明·沈际飞：《草堂诗余别集》引。

"词有与古诗同妙者，如'燕子楼空，佳人何在，空锁楼中燕'，平生少年之篇也"①，便隐约体会到了这一点。

有关《永遇乐》和马盼盼，我们将在"佳人篇"里细谈。

在现存的苏轼作品中，有一首绝句，也给后人留下了广阔探索的空间。这首诗，题为"四十年前元夕，与故人夜游，得此句"：

> 午夜胧胧淡月黄，梦回犹有暗尘香。
> 纵横满地霜槐影，寂寞莲灯半在亡。

元夕就是元宵节之夜，又称元夜。在宋代，元宵之夜观灯赏月，是相爱的青年男女最佳的约会时间。欧阳修有首名词《生查子》说：

> 去年元夜时，花市灯如昼。
> 月到柳梢头，人约黄昏后。
>
> 今年元夜时，花与灯依旧。
> 不见去年人，泪满春衫袖。

很显然，元宵之夜所约的"故人"，只宜女性。苏轼活了六十六岁，这首诗肯定作于二十六岁之前，而王弗去世时，他已三十岁。这里的"故人"显然不是他那无须遮掩的爱妻，而"暗尘"这个意象，更带有某种隐秘色彩。

《花间词》载有西蜀词人薛昭蕴的名作《小重山》，所谓"愁极梦难成，红妆流宿泪，不胜情。手捽裙带绕花行，思君切，罗幌暗尘生"，北宋时极为人们所传诵。苏轼诗的第三句"纵横满地霜槐影"，表示地点不在都市内，而在山野间，结句的"寂寞莲灯"，更准确地道明他与故人在庙里，而且处于"半在亡"的状态，到底是灯火忽明忽灭，还是人的恋情

---

① 清·刘体仁：《七颂堂词绎》。

当年的汴京开封，元宵之夜，到处都是灯盏

怅然若失？

应是二者兼而有之。

由此，我们不禁想起苏轼门生李格非的女儿、著名女词人李清照的《永遇乐》："中州盛日，闺门多暇，记得偏重三五"，以及王安石《癸卯追感正月十五事》："正月端门夜，金舆缥缈中"，《上元戏呈贡父》："车马纷纷白昼同，万家灯火暖春风"，还有《宋史》中的《礼志》所记载的"城门大道，大宫观寺院，悉起山棚，张乐陈灯"的盛况，苏轼追记此诗、追忆故人，十有八九是他在京城为官时。苏轼最后一次在汴京过元宵节，是元祐八年（1093），这年他五十八岁。

即使这首诗写于元祐八年正月十五，那"四十年前"，则正是他十八岁以前，甚至更早。由此益发证实这位相约于山间寺庙中的异性"故人"，绝不是他十九岁时才明媒正娶的王弗。

那还能是谁？

《东园丛说》中的"苏公少年时，常夜读书，邻家豪右之女……一夕来奔，苏公……岁久访问其所适何人，以守前言不嫁而死。其词有'幽人独往来，缥缈孤鸿影'"之说，在苏轼本人的作品里又得到印证。

可以理解，苏轼那时毕竟是个少年，我们没有理由要求他一开始就能洞察父亲挚友的言行。正如《东园丛说》所言，倘若住在相邻的雷氏之女在某个晚上向他表达爱慕之情时，我们更没有理由要求情窦初开的苏轼一开始就有拒绝的能力和勇气。

然而，贪婪之人掩饰得再得体，总有露出肮脏手脚的时候，极为豪侈的生活便是肮脏行为的注脚。苏轼兄弟所接触的雅州其他朋友也不会三缄其口。何况雷简夫之父雷有邻在家中乱伦之事已不是秘密。也许急于用世的苏洵当时会忽略这些，他甚至认为苏家如能与雷家联姻，那对自己和儿子们都是好事。可是年少聪慧的苏轼却难以忍受，一旦觉察之后，就如一不小心在粪坑边上睡了一觉，醒来不仅掩鼻而逃，而且再也不愿别人提起这件事。

所以苏轼才有婚宦过程中"父兄所强"的深刻记忆。"父"之所强的是婚姻，"兄"之所强的是要百般将他从山林中拉回来。

眉山中岩寺，苏轼少年时流连山林，学道悟道的地方之一

　　少年苏轼为了逃避婚姻而躲进山林，眉山多处山寺都有他的遗迹便是最好的注脚。起初所逃的地方是处于雅州回眉山途中的连鳌山、三峰山，后来又辗转逃到南面的青神县。

　　尽管苏辙那时更小，但他向来都是哥哥的"车辙儿"，他没和兄长一起逃，但他对此事也是终生忌讳，因为"双凤"也曾包罗过他。

　　还有一个更好的注脚，是肇事者雷简夫自己做出的。雷简夫后来死的时候，没有被安葬回祖籍陕西郃阳，却被葬在了前面所提到的苏轼少年时曾经读过书的连鳌山下，并留下遗嘱，非让苏洵给他写墓志铭不可。

　　若用莎士比亚名剧《威尼斯商人》相比，雷简夫的十指和那位犹太商人一样肮脏，但他爱女儿的心情不仅与威尼斯商人一样真诚，他还进一步痴情地关爱着他心目中最理想的爱婿。雷简夫之所以将墓地选在连鳌山，是想让苏轼写下的那三个大字伴着他。如今苏轼的字完好如初，他的墓却没了踪迹。

　　"多情总被无情恼"，苏轼晚年名作中的一个佳句，也许加在雷简夫的身上，更带有几分悲喜剧的色彩！

　　还是苏洵在其墓志铭中的那声长叹："呜呼太简……孔铭孔悲！"

王弗篇

在眉山青神县中岩
有个神奇的唤鱼池
苏轼与王弗的爱情故事
有各种不同的精彩版本
他们最终因此
被定格在池边
虽然被历史所尘封
也会遇到千年知音

爱妻王弗： 自主婚恋， 美满姻缘

少年苏轼逃婚逃入深山，思想上承受着极大的痛苦，这时他曾得到过道人或隐士们的帮助。元丰元年（1078），身在徐州太守任上的苏轼在给章质夫的"思堂"作记时，曾忆起一个难忘片段：

> 少时遇隐者曰："孺子近道，少思寡欲。"曰："思与欲，若是均乎？"曰："甚于欲。"庭有二盎以畜水，隐者指之曰："是有蚁漏。""是日取一升而弃之，孰先竭？"曰："必蚁漏者。"思虑之贼人也，微而无间。隐者之言，有会于余心，余行之。
>
> ——《思堂记》，《苏轼文集》卷十一

一个十六七岁的少年经历如此大的波折，精神上显然是难以承受的。精神上的极度忧虑，势必带来身体上的严重不适，这成了苏轼比同龄人都要早熟，从而也在三十余岁就"早生华发"的因由之一。那些道人、隐士不仅在精神上开导他，也在帮他调养身体，少年苏轼喜欢阅读医书，也应从这个时候开始。延续到后来，发展为留意医药、搜集良方的嗜好。更重要的是，他从此坚定了"不欲婚宦"的决心，立誓要当道人。

正在这个时候，王弗出现在他的面前。

纵览三苏诗文便可得知，在苏轼与王弗成亲之前，青神王家与眉山苏家没有丝毫联系。喜欢在诗文中与人称兄道友的苏洵，不仅与同样是当地文人的苏轼岳父王方没有一点笔墨交往，与在雅州做事的王庆源也没有半点交情。就门第而言，王家与苏家也有一段距离，更不能跟堪称"豪右"的雷简夫之家相比。

相反，苏轼与王庆源的关系却非同一般，从二人后来大量的通信中可以看出，二人无话不谈，比如提壶藕草、山林之乐，可以说连他弟弟苏辙都不能厕身其中。从当时的情形看，苏轼与王弗之间果真有媒妁的话，那王庆源便是最佳的撮合之人。然而，苏轼只称王庆源为"叔丈"，从没提到"作媒"及"伐柯"。

眉山三苏祠前的纱縠行街

这就是说，苏轼与王弗的婚姻，并不是"父母之命，媒妁之言"，而是他自我选择的结果。因为他曾读书的地方之一"中岩""华藏寺"就在青神王家庄附近，作为乡贡士的王方，至少在中岩一带是有点名气的，苏轼或者是借读，或者是求药，或者是通过王庆源介绍与王方的儿子王愿相识，总而言之，不存在父母之命或媒妁之言等关系。

《苏轼诗集》《苏轼文集》的整理者、《苏轼年谱》的编纂者孔凡礼先生支持我的观点，他认为"王方的家，一百年来'孝著闾里'，王弗在'少相弟长，老相慈诲，肃雍无间'（《苏轼文集》卷六十三《祭王君锡文》）的良好环境中成长"，苏轼对这一点了解甚透；"苏东坡在和夫人王弗结合以前，当有过直接接触"，"东坡和王弗的结合，自主因素起了决定性的作用。这在当时，是十分不寻常的。"①

中国人民大学的朱靖华教授则提供了这样的资料：

据民间传说，他们二人结成婚姻，还有一段小小的因缘：王弗父亲王方，是一位乡贡进士，颇有声望，他要为自己的家乡奇景（山壁下有一自然鱼池，游人拍手，鱼即相聚跳跃而出）命名，同时也想借此暗中择婿，便请来了当地有名的青年才子为奇景题名，许多人都落选了，只有苏轼所题的"唤鱼池"耐人寻味。谁知躲在帘内的王弗亦不约而同地题名为"唤鱼池"，二人从此心心相印，沟通了无言的爱情。王弗之父母因此选中了苏轼为乘龙快婿，婚后

充满神奇传说的"唤鱼池"

---

① 见龙吟：《万古风流苏东坡》第一部《问题少年》序，北京：光明日报出版社 2001 年版。

形影不离。①

这是王弗家乡青神人的版本，也没有"父母之命、媒妁之言"。

最有说服力的还有苏轼本人的心语。在充盈着悲与泪的《江城子》里，有句话至今还是被人们一带而过，那就是"小轩窗，正梳妆"。

首先，"小轩窗"不是苏家的窗子。作为中上等人家，苏家有地百亩，家中还有专门的"南轩"作为书房，苏洵不可能将只有一个"小轩窗"的房子给已是长子的苏轼做新房。相反，如果说"小轩窗"是他岳父王方那样小户人家女儿闺房上的装置，那最恰当不过。

其次，"小轩窗，正梳妆"，这种场景的形成，观察角度是从外向内的，而且是婚前互相爱慕的男女常见的表达爱慕的方式。若是结婚之后，苏轼自可学习张敞，在窗内给夫人画眉。此时若以窗户为后景，岂不是只能看到剪影，

三苏祠之来凤轩：苏轼在家读书的地方，轩敞厦高，显然与"小轩窗"大相径庭

---

① 朱靖华：《苏东坡的家庭、爱情诗词》，载《朱靖华古典文学论集》，长春：吉林文史出版社 2003 年版，第 245 页。

如何看清面容？若让王弗对着窗户，苏轼处于"逆光"之中，那么后者的"尘满面、鬓如霜"岂非枉谈？"相对无言，唯有泪千行"的心碎情景又怎样产生？

因此，从诗美发生学的角度，可以做出这种结论："小轩窗，正梳妆"，是深深烙在少年苏轼心目中王弗的最初印象，也是诗人心中最美的意象。一旦王弗入梦，心爱的人在闺阁之中顾盼多情、让人心醉的神态便会浮在梦中……

定情之时： "明月夜" 的男欢女爱

　　我对苏轼与王弗的婚姻系自主恋爱的测度，是从对苏轼《江城子》"料得年年肠断处，明月夜，短松冈"的理解开始的。从来解释苏词的人，都说"短松冈"是王弗的坟地。依此便有这样的解释："这'明月夜、短松冈'便是苏轼年年岁岁，无时无刻不在使自己断肠的地方啊！"① 让人更加啼笑皆非的是，有人将这三句解释成死去的王弗还在断肠："我料你年年肠断处，在那月明之夜，在那长满短矮松的山冈。"② "料想对方定会年复一年地在荒郊月夜为思念丈夫而悲伤"。③ 按此解法，王弗益发可怜了，与他"感情平平淡淡"的夫君竟然要她死后还在荒山野地里年年为他断肠，我们不禁要问东坡先生，既然如此，干吗还要夫人入梦呢？

　　让我们还从诗美发生学的角度探讨这三句词。首先，苏轼怀念亡妻，为什么要选取"明月夜"这个意象？如用"浓雾里""暮霭中"，与"千里孤坟"不是更能相得益彰，渲染出深沉、凝重的气氛吗？

　　"明月夜"在古诗中是个常见的意象。从南北朝时开始，歌咏男女爱情的诗中便每每出现它：

　　　　洞房明月夜，对此泪如珠。
　　　　——南朝齐人《李夫人及贵人歌》，见《玉台新咏》卷九

---

① 朱靖华：《朱靖华古典文学论集》，长春：吉林文史出版社 2003 年版，第 248 页。
② 钟来茵：《苏东坡三部曲》，上海：文汇出版社 1999 年版，第 298 页。
③ 刘乃昌：《苏轼选集》，济南：齐鲁书社 1981 年版，第 150 页。

几回明月夜，飞梦到郎边。

———南朝梁人《闺思诗》，见《古诗类苑》卷九十五

独怜明月夜，孤飞犹未栖。

———北朝周人《乌夜啼》，见《艺文类聚》卷四十二

相思明月夜，迢递白云天。

———唐·杨炯《有所思》，见《全唐诗》卷五十

红裙明月夜，碧殿早秋时。

———唐·白居易《小曲新词》，见《全唐诗》卷四百四十一

好是绿窗风月夜，一杯摇荡满怀春。

———唐人孙某《代谢崔家郎君酒》，见《北梦琐言》卷六

二十四桥明月夜，玉人何处教吹箫？

———唐·杜牧《寄扬州韩绰判官》，参《全唐诗话》卷四

每一见时明月夜，损人情思断人肠。

———唐·欧阳炯《西江月》，见《古诗类苑》卷九十五

有销魂处，明月夜，粉屏空。

———宋·晏几道《行香子》，见《全宋词》卷二十八

以上诗词中九度出现的"明月夜"，要么写洞房之事，要么写相思之情，要么是少女怀春，抑或是快乐的销魂回忆，都与男女相恋有关，没有一处是悲情之句，更不要说与墓地关联。

那么，苏轼其他作品中的"明月夜"或夜间"明月"又是怎样的呢？在脍炙人口的《赤壁赋》中，他最引以为快意的是"江上之清风，与山间之明月"，《水调歌头》中的"明月"不仅是与"琼楼玉宇"般的广寒宫

相连的媒介，也是寄托美好意愿的载体。这些暂且不论，我们只看苏轼的小词：

　　和风春弄袖，明月夜闻箫。

——《临江仙》

　　此生此夜不长好，明月明年何处看。

——《阳关曲》

　　闲倚胡床，庾公楼外峰千朵。与谁同坐，明月清风我。

——《点绛唇》

　　可惜一溪明月，莫教踏碎琼瑶。

——《西江月》

　　对酒卷帘邀明月，风露透窗纱。
　　恰似嫦娥怜双燕，分明照、画梁斜。

——《少年游》

　　夜阑风静欲归时，惟有一江明月、碧琉璃。

——《虞美人》

　　半年眉绿未曾开，明月好风闲处、是人猜。

——《南歌子》

　　显而易见，"明月"在苏轼诗文中，是玉宇，是琼瑶，是美好的憧憬，是快乐的意象。我们如果把《江城子》中的"明月夜"生生地和坟墓联系在一起，不是与苏轼心目中的那轮美轮美奂的明月意象恰恰相反么？

定情之处： "短松冈" 绝不是墓地

下边要重点谈谈"短松冈"了。从语义学的角度来看，如果"短松冈"指王弗的墓地，那它就与前面的"千里孤坟"相重复。这首词副题为"乙卯正月二十四日记梦"，梦中出现的主景是王弗再度出现在"小轩窗"里。前面已提孤坟，若是清明时节，或亡妻祭日，那以孤坟为主，后面再次照应，还有些道理。这首词既不是以凭吊"孤坟"为主，作者就没有必要在短短的六十八字中再次使用。

历来学者们都把"短松冈"说成王弗的墓地，依据是苏轼的《戏作种松》诗，那里有"我昔少年时，种松满东冈"之句。① 事实上苏轼回川安葬父亲，同时安葬王弗时，他已是三十二岁的鳏夫，哪里还是"少年时"？

苏轼少年时确曾跟随祖父耕田、放牧、种树，他的祖父苏序死于庆历

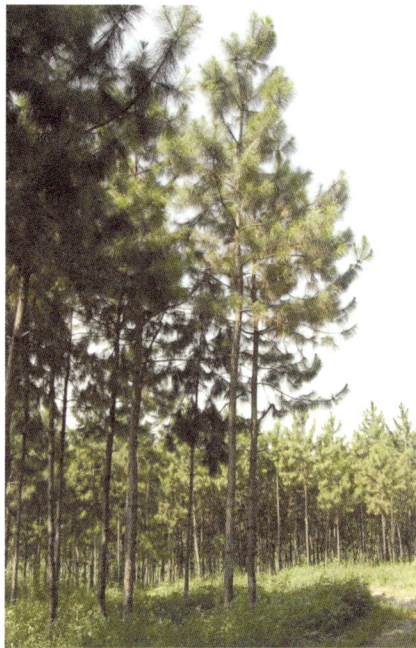

图为现在苏洵墓地远处的松树，为当地政府所补种。由于这里土地肥沃，雨水充足，六七年间，便已不再是"短松"，一如苏轼所说的"十年可斫"，"短松"不在

---

① 朱靖华：《朱靖华古典文学论集》，长春：吉林文史出版社 2003 年版，第 248 页。

七年（1047），当时苏轼十二岁，这才是"少年时"的确指。苏洵等人于"八年二月葬于眉山县修文乡安道里先茔之侧"[①]，那里才是真正的"东冈"。而"二月"也是种松的大好季节。至于王弗的坟地，苏轼明言在"眉之东北彭山县安镇里可龙里先君夫人墓之西北八步"（《亡妻王氏墓志铭》）。"眉之东北"，与他"少年种松"的东冈在年代、方位、植树时间上都不相符。

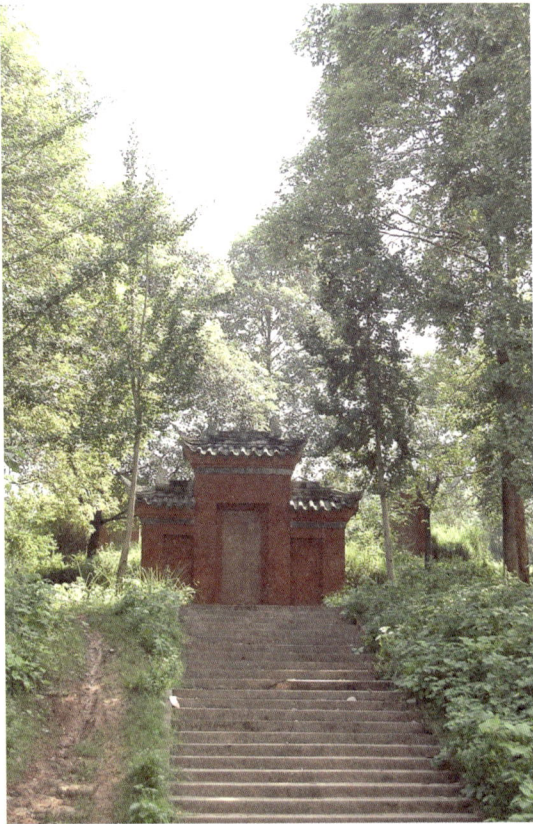

苏轼在著名的《东坡》诗中还说："种枣期可剥，种松期可斫。事在十年外，吾计亦已悫。"稍稍留心，便可算出，从苏轼祖父苏

苏洵和程夫人墓地，王弗的墓在其后侧，墓地上没有松树，全为香樟

序之死到在密州梦到王弗，时间已过了二十八年。苏轼少年时所种的松树二十八年后若还是"短松"，那他选的树种也太差了，或者说眉山的水土太糟了！

当然，苏轼诗里也曾载有"老翁山下玉渊回，手植青松三万栽"（《送贾讷倅眉》）。老翁泉才是苏洵与程夫人的墓地所在，王弗就葬在其侧不远，可那里水源十分丰富，按照苏轼"十年斫松"的理论，到这时也绝不会是"短松冈"。

---

① 曾枣庄：《苏洵评传》后附《苏洵年谱》，成都：四川人民出版社 1983 年版。

二十多年前，笔者去拜谒这两座墓时，发现老苏先生和程夫人的墓，周围全是香樟，王弗的墓在西北角，整个墓地之上，没有一棵松树。

寻访山边老农，得到的回答是：祖祖辈辈人都在说，苏坟从来都种香樟，松树会生虫子，有钱的人家哪会在墓地种松树？香樟树从不生虫，而且名贵，乡里人都说，有了这些香樟，苏家子孙才芳名远扬的！①

也许有人会说，九百多年前当地情景不是这样，苏坟边的松树在"文革"期间眉山愚公大肆造田时被砍伐了。那么，让我们看看苏洵当初在给程夫人（也给自己）寻找墓地时，当地情形是什么样子的。

请看苏洵的《老翁井铭》：

> 丁酉岁，余卜葬亡妻，得武阳安镇之山。山之所从来甚高大壮伟，其末分而为两股，回转环抱，有泉㲒然出于两山之间，而北附右股之下，畜为大井，可以日饮百余家。卜者曰吉，是在葬书为神之居。盖水之行常与山俱，山止而泉洌，则山之精气势力自远而至者，皆畜于此而不去，是以可葬无害。他日乃问泉旁之民，皆曰是为老翁井。问其所以为名之由，曰：往岁十年，山空月明，天地开霁，则常有老人苍颜白发，偃息于泉上，就之则隐而入于泉，莫可见。盖其相传以为如此者久矣。

"高大壮伟"之山，汩汩流出之泉，这是神仙居住的场所，谁能看出"短松冈"的影子？

《万古风流苏东坡》第1卷《人望》问世之后，有关苏轼与王弗自主恋爱的描写在读者中引起强烈的反响。2002年夏，笔者赴河南郏县参加第十三届国际苏轼研究会，一位来自成都的记者找到笔者的房间，告诉笔者说，他就是眉山青神人，是王弗的同乡。他郑重其事地说，青神确实有个王家庄，在王家庄通往中岩山的途中，确实有个山冈，上面全是乱石，松

---

① 2005年8月2日，笔者在三苏博物馆李伟馆长等人的陪同下，再次拜谒苏坟，发现坟上仍是遍地香樟，没有一棵松树；周围群山上松树林立，纵横成行，全是十多年前所补种。

树只能在石缝中生存，自古迄今，这些树一直只有数尺高，是个名副其实的"短松冈"。

那么，在弄明白"明月夜"是男女欢爱意象、"短松冈"并非王弗墓地之后，我们进而探讨前面那句"料得年年肠断处"。

笔者到王弗老家青神县和苏轼读书的中岩寺之间，按照那位记者提供的线索再次寻访，发现许多地方都是短松林立的山冈，究竟与苏轼词中的"短松冈"是不是类似，读者看了便会自己得出结论

从语义学的角度分析，"年年"是每一年之意，却不是"时时刻刻"。这两个字连用，带有明显的周年、周期色彩。"朝朝暮暮落复开，岁岁年年红似翠"，这是卢照邻《双槿树赋》的雅辞；"年年岁岁花相似，岁岁年年人不同"，这是刘希夷《白头吟》中的名句；二者都是以花的荣枯作为周期。"人生代代无穷已，江月年年望相似"，张若虚《春江花月夜》中"年年望月"的意象，更符合当时苏轼的心情。这里的"年年"，分明在描述一种周期性的纪念日。

王弗病逝那天是十年前的五月二十八，归葬眉山之日是九年前闰六月二十九，而苏轼这回是"正月二十日记梦"，与那两个日子毫无关系。那个令他们年年断肠的"明月夜"只能是他们定情之时，而"短松冈"分明是他们的定情之地。

如前所述，王方是小户人家，小户人家之女悄悄外出，那是常有的事。如果十七八岁的苏轼将王弗带到他六年前种的松树林里，或者去祖父坟前讲讲老人家当年砸菩萨、救灾民的侠义之举，那不是很正常的吗？松龄六年左右，不是"短松冈"又是什么？

那轮皎洁的明月，恰是青年男女情爱的见证。

正月二十：一个终生梦寻的日子

　　常说"人生如梦"的苏轼是个爱做梦的人，据不完全统计，"梦"字在他诗文中共出现 738 次。除了《江城子》外，《苏轼诗集》中还有《记梦》回文诗二首，记"梦人以雪水烹小团茶"，《记梦并叙》写张方平之梦标明梦的时间。其他如《王晋卿前生图偈》《记梦参寥茶诗》，《东坡志林》中的《记梦赋诗》《记子由梦》《记子由梦塔》《梦中作雪铭》《记梦》短文等，都与爱情无关，而且大都不记时间。

　　诗文中的梦尚且大都不标时间，为什么要在比诗更不注重纪时的小词后标明"乙卯正月二十日夜记梦"呢？为什么王弗要在正月二十日入梦呢？

　　六年之后，也就是元丰四年（1081），被管制在黄州的苏轼在一首诗中向我们透露了另外的信息。

> 东风未肯入东门，走马还寻去岁村。
> 人似秋鸿来有信，事如春梦了无痕。
> 江城白酒三杯酽，野老苍颜一笑温。
> 已约年年为此会，故人不用赋招魂。
> ——《正月二十日，与潘、郭二生出郊寻春
> 忽记去年是日同至女王城作诗乃和前韵》

　　这里的潘、郭二人是潘丙、郭遘，他们在前一年苏轼刚到黄州的时候就曾相与过从。这里透露出的几个信息值得我们注意：第一，苏轼喜欢在

正月二十日这天出游，而且是在两年的同一天去了禅院。去年是冒着寒风去的，诗中的"十日春寒不出门"便是注脚（见《正月二十日，往歧亭，郡人潘、古、郭三人送余于女王城东禅庄院》）。去禅院，无疑是要给亲人烧香、祭奠，苏轼在诗中用了"招魂"这个意象，若在一般朋友聚会场合，这两个字是不太吉祥，而苏轼偏偏要这样写，可见这是他去禅院的心底秘密。第二，他所去的歧亭本叫楚王城（战国时楚之春申君封于此地），作者偏偏要将它视作"女王城"。再细心考察，原来陪他同行的还有侠士陈季常，作者在路上还为陈季常写了首诗，开头两句便是"蕙死兰枯菊亦摧，返魂香入岭头梅"（《歧亭道上见梅花戏赠陈季常》），又是怀念亡者的意象。此时苏轼的继室王闰之和爱妾朝云都安然健在，他所要招的"蕙兰"之魂，只能与王弗有关。而陈季常恰恰是苏轼在凤翔结识的挚友，他对王弗十分熟悉。陈季常又是个出了名的惧内之人，所谓"河东狮吼"即是苏轼戏弄他的故事。也许不仅陈夫人在家中是女王，当年王弗在凤翔时也被苏轼和陈季常视作女王？第三，诗的"人似秋鸿来有信，事如春梦了无痕"，作者再次谈到"春梦"之"事"，人是潘、郭等，"春梦"之"事"与他们毫无关系。第四，"已约年年为此会，故人不用赋招魂"，表面上看是苏轼决心已定，年年要来此处会见朋友，殊不知这里的"年年"与"料得年年肠断处"的"年年"也是气息相通的，诗人的心灵深处还有他的另一个梦。

不要忽视诗题中的"去年同日"，原来苏轼在元丰三年（1080）正月二十，也就是他从汴京经历乌台诗案、被贬黄州的南下途中，便在陈慥所隐居的歧亭附近见过梅花，而且写过这样的诗：

> 春来幽谷水潺潺，
> 的皪梅花草棘间。
> 一夜东风吹石裂，
> 半随飞雪渡关山。

乍看上去，这首诗只是在写路途所见，好像梅花无意闯入了作者眼

中，其实这诗首句便有"寂寞佳人在幽谷"之意。最耐人寻味的是，苏诗的第三句是在化用其师欧阳修的诗意，欧公绝句《山斋》云：

> 经春老病不出门，
> 坐见群芳烂如雪。
> 正当年少惜花时，
> 日日东风吹石裂。

苏轼之所以将恩师的"日日东风吹石裂"，改为"一夜东风吹石裂"，是因欧公写的是山斋长居，而苏轼却是人在旅途，且有御史台的押差监视着。化用"东风吹石裂"之句，正意味着作者情在"正当年少惜花时"。少年惜花，正是少男怜爱少女的意象。眉山的青神是否梅花极多，笔者没有体验，但有一种酷似梅花的树木——红粉海棠，却是苏轼的终生至爱，不久到了黄州，最惹他眼、最让他怜爱且感触的，便是居住之所东侧的一棵蜀川海棠，于是他写下了著名的《寓居定惠院之东，杂花满山，有海棠一株，土人不知贵也》，诗中有句云：

> 江城地瘴蕃草木，只有名花苦幽独。
> 嫣然一笑竹篱间，桃李漫山总粗俗。
> 也知造物有深意，故遣佳人在空谷。
> ……
> 忽逢绝艳照衰朽，叹息无言揩病目。
> 陌邦何处得此花，无乃好事移西蜀。
> 寸根千里不易致，衔子飞来定鸿鹄。
> 天涯流落俱可念，为饮一樽歌此曲。
> 明朝酒醒还独来，雪落纷纷那忍触？

这首诗以花写人，物我化一，格调超逸，据说苏轼"平生喜为人写，盖人间刊石者自有五六本，云'吾平生最得意诗也'"（见《诗话总龟前集》卷二十八引《石林诗话》）。殊不知这种海棠多被用来比喻女性，同样身为蜀川人、辛勤为东坡诗作注的赵次公，便曾和过这首诗，和诗中的"岂惟婉娈彤管姝，真同窈窕关雎淑。未能奔往白玉楼，要当贮以黄金屋"，便是用海棠来歌颂贤淑妻室（《苏轼诗集合注》该诗题下引，《全宋诗》失载）。最耐人寻味的是，苏轼晚年决意定居常州时，让人不辞万里专门从眉州移来一棵海棠，种在他所居住的邵氏院落里，以便日日都能看到。那棵海棠至今依然枝繁叶茂地活着，每年春天都开着鲜艳的花朵，可见他对海棠之痴。

在宜兴邵氏旧屋中，还完好地保存着苏轼所题的匾额，"天远堂"，蕴含着天高山远、家乡无限之意

让人感佩的是，两年之后，诗人第三次来到一百五十里之外的岐亭，写下《六年正月二十日，复出东门，仍用前韵》：

乱山环合水侵门，身在淮南尽处村。
五亩渐成终老计，九重新扫旧巢痕。
岂惟见惯沙鸥熟，已觉来多钓石温。
长与东风约今日，暗香先返玉梅魂。

"五亩渐成终老计，九重新扫旧巢痕"，意思是终于有了安身立命的家舍了。如果说这联与他少年时逃遁山林有联系，那么末句的"长与东风约

今日，暗香先返玉梅魂"则更意味隽永了。这年潘、郭等人已然失约，诗与他们再无关联，苏轼依然念念不忘"返魂"，这不正是要求"暗香"入梦吗？"长与东风"（春风）之约，又是"年年肠断"之事，除了早年与王弗的恋情外，还有更好的解释吗？

如果这种判断没有错的话，便可试想，两个青年男女，在春寒料峭的正月二十日晚上，望着很晚才爬上夜空的那轮明月，悄悄谈论着他们的未来，这将是多么刻骨铭心的情景啊！当然，我们在这情景里也看到些隐忧：正月二十的月亮缺了些边儿，也许这意味着他们将无法白头偕老？

绿眉未开： 好风闲处任人猜

　　有了上述的四首同样写于正月二十日的诗词，我们便会发现，以苏轼给王弗写的诗（词）文只有两篇来否定他们之间深挚的爱情，这样武断的结论既失之偏颇，也流于草率。

　　其实苏轼怀念王弗的词还有一首，那就是《南歌子·感旧》，这里同样给我们提供了他们自由恋爱的信息：

> 寸恨谁云短，
> 绵绵岂易裁？
> 半年眉绿未曾开，
> 明月好风闲处、是人猜。
>
> 春雨消残冻，
> 温风到冷灰。
> 樽前一曲为谁哉？
> 留取曲终一拍、待君来。

　　当今的注家们不约而同地根据"半年眉绿未曾开"一句，将这首词系于元丰三年（1080），说这时苏轼与王闰之分开了半年。[①] 仔细解读此词就会发现，它是写给故人的，词名原叫"感旧"，怎可随意删去？在苏轼的

---

① 见薛瑞生：《东坡词编年笺证》，西安：三秦出版社 1998 年版，第 249 页。

诗词里，"感旧"就是怀念往事。① 这里的"寸恨"化自韩愈诗句"寸恨
至短谁能裁"（《感春》），与"料得年年肠断处"的"肠断"几乎是同一
语义。"绵绵"更是从白居易《长恨歌》中"此恨绵绵无绝期"中来；
"冷灰"出自李商隐的"蜡炬成灰泪始干"（《无题》）和"冷灰残烛动离
情"（《韩冬郎即席为诗相送……》）。综观以上三个意象，全是男女生死
相隔、愁恨寸结之语，从此可以看出，这首词分明为悼亡之作，说它是写
给依然健在的王闰之的，岂不是在咒她？至于还有人说它是写给"爱妾闰
之"的，② 就更让人不知所云了。

"半年眉绿未曾开"确实是这首词中至关重要的句子。若将"眉绿"
二字简单地用"卓文君姣好，眉色如望远山"（《西京杂记》）来解释，也
太流于表面。庾信《春赋》有"眉将柳而争绿，面共桃而竞红"之句，写
的是春日少女游春，眉胜柳叶、面如桃花；五代人和凝《天仙子》词中的
"仙子含愁眉黛绿"，用绿眉表示女子的愁眉。苏轼在这里除了写少女、愁
眉不展的少女外，还用"绿眉"这个意象指出了少女的年龄。

真正被苏轼此词化用的，是唐人施肩吾的《效古词》。词中最为关键
的一句为：

> 莫愁新得年十六，
> 如蛾双眉长带绿。

好一个新得少女十六岁，这不正是当年与苏轼结婚之前的王弗吗？
"如蛾双眉长带绿"，正是形容少女苦闷眉结难舒的实际境况，正是"半年
眉绿未开"的最佳注解，苏轼与王弗恰恰是在半年之后成的家，十九岁的
"大龄青年"苏轼所娶的夫人王弗若不是十六岁，以上一切考证都将变得
枉然。

回过头来再看《感旧》词中的"明月好风闲处、是人猜"一句，向来

---

① "感旧"一词，于现存苏轼诗文中凡见十一次，皆为感叹自身旧时所历之事。
② 邹同庆、王宗堂：《苏轼词编年校注》，北京：中华书局 2002 年版，第 287 页。

给这首词作注的人都避而不谈，说到这儿它的意思便不言而喻：时常在"明月夜""清风"里结伴成行的青年男女，眼下仍要引起人们"闲"话和"猜"测，何况苏轼与王弗生活在九百年多前呢？

眉山青神中岩寺后，有棵奇特的"并蒂松"，人们认为这是苏轼与王弗爱情的象征

这首词不仅不会是苏轼写给王闰之的，也不会是他写给爱妾朝云的，不过它可能与朝云沾些边儿，就是"樽前一曲为谁哉？留取曲终一拍、待君来"，可能是在朝云唱曲儿时，苏轼希望曲子最后那一拍不要到来，以便他能昏昏睡去，以待那位十六岁的愁眉少女能够入梦。是啊，从诗中的"春雨""温风"不难看出，这正是初春时节，说不定又是正月二十日。

"半年绿眉未曾开"，意味着少女愁眉半年没有舒展。这种情形只能用来解释苏轼与王弗相爱后，半年时间才过了父母这一关。众所周知，在此之前，苏轼的姐姐八娘禀承父母之命，嫁给了她并不爱的表哥程之才，结果备受公婆和丈夫的虐待，最后惨死在月子之中。八娘用生命的代价给弟弟的自主婚姻开了路，苏洵在痛失爱女之后，绝不忍心再去逼迫爱子与他所不爱的人成婚了。这才有了我们上面看到的"辞亲信"，才有王弗十六岁那年嫁到苏家的史实。我们说正月二十日是苏轼与王弗的定情之日，那么半年之后他们欢天喜地地准备办婚事，从此苏轼再也不想着逃遁山林了，他要守着心爱的人，开始读书，开始为自己、也为心爱的人谋出路（安心科举）、拜门子（随父访问张方平）、奔前程（进京赶考），这不正是苏轼婚后的足迹吗？

关系平等： 只有自主恋爱才能做到

与中国封建社会其他时期、其他家族一样，眉山苏家的女人向来都是有姓无名的，苏洵十分钟爱自己的女儿，也不过取名八娘，显然在按排行顺序而定；而苏轼的母亲程夫人、祖母史夫人，甚至是苏辙的夫人史氏，全都有姓无名，至多被称为苏史氏、苏程氏。可是陪伴苏轼一生的三个女人全有名字：王弗、王闰之、王朝云，这不能不说是个奇迹，而奇迹的出现，首先要从王弗开始。

王弗与苏轼结识之后，就成了终日不去的伴读。出身小户人家的王弗不仅知书达理，出乎苏轼意料之外的是，她对诗书非常熟悉，而且记性极佳，有时连苏轼都赶不上她。苏轼在《亡妻王氏墓志铭》中说：

> 其始，未尝自言其知书也。见轼读书，则终日不去，亦不知其能通也。其后轼有所忘，君辄能记之。问其他书，则皆略知之。由是始知其敏而静也。

细心的读者应能看出，苏轼这里并没有说王弗陪他读书是在新婚之后。"其始"应为刚认识时，"见轼读书，则终日不去"，也不知是在苏家，还是王家，抑或是在苏轼读书的山寺之中？小户人家的女儿，可没有那么多的讲究！

如果说伴读、提示在年轻的恩爱夫妻之间时常出现，那么苏轼为官之后，王弗的"相夫"之功早就超越了"贱内"的范畴。苏轼还记载：

从轼官于凤翔，轼有所为于外，君未尝不问知其详。曰："子去亲远，不可以不慎。"日以先君之所以戒轼者相语也。轼与客言于外，君立屏间听之，退必反覆其言曰："某人也，言辄持两端，惟子意之所向，子何用与是人言。"有来求与轼亲厚甚者，君曰："恐不能久。其与人锐，其去人必速。"已而果然。将死之岁，其言多可听，类有识者。

苏轼性情率真，口无遮拦，满眼没有一个坏人，这一点是苏洵最不放心的，也是王弗终日牵挂的。然而她对苏轼在外面的所作所为，达到"未尝不问知其详"的地步，这显然有违"女戒"。不仅如此，她还在屏风之后"窃听"客人与苏轼的谈话，提醒苏轼要对那些首鼠两端、见风使舵之人有所戒备。苏轼在这里无法指名道姓说那些人是谁，但像张璪、章惇这两个后来对苏轼进行迫害的恶人，当初在凤翔都是与苏轼往来频繁的"朋友"。后来的事实证明，王弗确

凤翔东坡湖，这个双亭，很有寓意

实有先见之明。可以看出，王弗对苏轼有劝诫，有时达到了可以针砭的地步。"有识"二字，乃是古代对读书人的莫高评价，苏轼用这两个字来形容自己的夫人，可见他对王弗是多么敬重。

王弗对苏轼的不良行为，经常予以制止。苏轼曾回忆道：

某官于岐下，所居大柳下，雪方尺不积；雪晴，地坟起数寸。轼疑是古人藏丹药处，欲发之。亡妻崇德君曰："使吾先姑

在，必不发也。"轼愧而止。

——《苏轼文集》卷七十三《先夫人不发宿藏》

由于受到欧阳修编《集古录》和刘敞到处挖掘青铜器的影响，苏轼在凤翔时，有一阵子喜欢收藏文物，至于道人炼丹之事，更是自小迷恋。王弗借婆婆的话，劝诫夫君停止乱挖掘的行为，让苏轼十分惭愧。由此可见，王弗在苏轼心目中，不仅是个贤妻良母，有时还是自己行为的监督人。二人如果仅靠父母之命、媒妁之言的生硬结合，依苏轼信马由缰似的个性，绝不会容忍他所不爱的人干涉他的事务，更不会让人约束自己的行为。可是王弗对他的规劝，他不仅听从了，而且终生铭记在心。这从另一个侧面说明了二人之间的平等关系和两心相属之情。

在凤翔苏轼纪念馆内，那棵饱经沧桑的大柳树至今还枝繁叶茂地活着

这时我们再回到前面说过的苏轼与陈季常一起在正月二十日去"女王城"禅院"招魂"之事。也许苏轼在口头上会调笑陈季常，说他家中有个终日怒吼的"狮王"，可陈季常心里也明白，王弗在世之日，苏轼何尝不把她当"女王"看待？如今由王闰之和王朝云组成的港湾固然温暖，但王弗所能给苏轼的规劝乃至针砭却永远消失了。像苏轼这样"毛糙"的人，永远都需要好女人来"打磨"，也许这一点，才是他心灵上最大的失落。

亡妻之痛： 为君衰毁因君衰

治平二年（1065）六月初，龙图阁直学士吕公著举荐从凤翔回京后一直在登闻鼓院做闲差的苏轼再次参加由皇上主持的特别考试——制科，准备让他能跨上一个新的台阶。

这时已经名声甚高、被人视为欧阳修之后的未来文坛巨擘的苏轼，却向英宗皇帝提出一个令人惊讶的请求：恳请皇上允许他在策试中不做诗赋。原因是"久去场屋，不能诗赋"（徐度《却扫编》卷下），英宗皇帝恩准了他的要求，只让他"试二论"（苏辙《亡兄子瞻墓志铭》），结果再中优等。

问题在于，苏轼在此之前果然是"不能诗赋"吗？只要打开他的诗集、文集便可发现，苏轼从《凤翔八观》开始，保留下来的诗多达一百三十余首，如《石鼓歌》专门与韩愈对垒，为世人所激赏。至于文章，《喜雨亭记》《凤鸣驿记》《凌虚台记》，脍炙人口。即使是"赋"，也有《通其物使民不倦赋》等，表达自己的政治观点。为什么他偏偏要在这时谢绝写诗作赋呢？

原因只有一个，在那个时代却不能明言：就在几天前，也就是五月二十八日，苏轼心爱的夫人王弗病逝了。

王弗之死，与其伴随苏轼在凤翔为官时过分操心、积劳成疾、体弱多病有关。王弗死后，苏洵曾告诫儿子"妇从汝于艰难，不可忘也"便是一个明证。当然，体弱多病的王弗极有可能死于生育，因为那时他们的长子苏迈已经六岁，古代妇女因为生产新的生命而使自己失去性命的比比皆是，虽王公贵族犹不能免，何况苏轼当时仅是小吏之家呢？

王弗病逝之后，苏轼诗词中开始大量涌现"衰""老""早生华发"及须髯稀疏之辞，可见他的哀毁程度。

《老子》云："大音希声。"有一些文人，在伴侣辞世之后，未及痛定思痛，就开始大写祭文、悼诗，更有人在灵柩之前就开始展现自己泉涌般的文思，直让人怀疑他们是不是在夫人未亡时便打好了腹稿。像苏轼这样平日以诗文为言辞的人，到了这个时候反而无声了。无声的悼念，比有声更为沉痛。丧失爱妻的痛，在他的心里整整埋了十年，苦苦积攒了十年。没有十年的积郁，我们能看到"十年生死两茫茫"这首使铁石心肠的人也要落泪的词吗？

宋英宗是个极为赏识苏轼的皇帝，也许他通过身边的翰林学士刘敞（苏轼好友）等人了解到了这位英才正在丧偶悲痛之中，从这一点而论，苏轼对英宗的感激，以及后来对英宗高皇后的无上拥戴，都是情出有因，发自内心的。

苏轼不仅在皇上的御试中拒绝写诗作赋，从治平二年（1065）五月王弗去世到熙宁二年（1069）二月为父亲守丧期满还朝，苏轼一篇诗都没有写，成了诗坛哑巴。

现存于《苏轼诗集》卷五末尾的四篇诗，都是苏轼后来的作品或他人之作掺杂其中，唯一一首可考年月的《夜值秘阁呈王敏甫》，孔凡礼先生已作辨误，改系熙宁三年，[①] 其他三篇作品待专文考证。

也许有人会说，苏轼的父亲苏洵于治平三年（1066）四月底去世，后两年应算苏轼为父丁忧不做诗文，怎么能将这三年全归到悼念王弗身上呢？

只有深入探究三苏心路的人，才会知道他们父子对待"礼"的态度。从苏洵开始，"礼"在他们的眼里，某种程度上是一种"微权"，即精细的骗人权术。[②] 嘉祐四年（1059），苏轼与苏辙正在眉山为母亲守丧，但成都路当时在喜欢粉饰太平的文人宋祁统领下，苛捐杂税十分繁重，百姓几至

---

① 孔凡礼：《苏轼年谱》，北京：中华书局 1998 年版，第 181 页。
② 苏洵：《嘉祐集》卷六《六经论·礼论》。

无法生存，民怨沸腾。这时正好王素前来代替宋祁，苏轼还在服丧期间，便欣然为民请命，他挥笔写下《上知府王龙图书》，并亲自到成都呈上，提醒王素改弦更张，安抚百姓，以免再有王小波、李顺之类出现。[①] 苏轼的做法无疑得到了父亲的大力支持，同时也与母亲要他从小就学做范滂那样的诤臣相一致，当百姓生活处于困厄之际，三苏敢于用行动来打破礼制！

"无礼"和"不敬"是苏轼的死对头程颐乃至其后继者朱熹不遗余力攻击

凤翔，便是凤鸟来翔，古饮凤池是凤翔的一个名胜，如今成了东坡纪念馆的一处景观

三苏的最大口实，殊不知还有更好的"借口"他们没有发现。事实表明：苏轼的长子苏迈生于嘉祐四年三苏乘船离开眉山之前，苏辙的次子苏适生于熙宁元年（1068）老苏丧服刚满之际。这就是说，苏家兄弟在为父母守丧期间，夫妻原是同房的，而苏迈的出生，正在老苏先生的眼皮子底下！若是开创女人"饿死事小、失节事大"理论的程颐先生知道此事，不仅苏轼将会遭到更多的非难，可能连我们可爱的王弗女士，也要被他（他们）打入不孝之女的行列了。

令人发噱不止的是，向来以大学问家自视、对苏轼不满的朱熹，竟以"眉山二苏兄弟，文人也，再期之内，禁断作诗作文，寂无一语，是亦尝

---

① 《苏轼文集》卷四十八，参孔凡礼：《苏轼年谱》，北京：中华书局 1998 年版，第 63 页。

讲乎丧礼也"来教导他的学生,① 真可谓"此地有银六百两,隔世朱二不曾知"也。

敢为前人所不为,勇于向传统礼法挑战,这就是生活在千年前的三苏父子过人之处。

苏轼在为母守丧期间敢于写为民请命的文章,反衬出他的拳拳赤子之心更加诚挚;苏轼在夫人去世后三年不做诗赋,甚至冒着"欺君之罪",要求皇上更改考试的法则,这一切只能说明什么?

苏轼与王弗的情感,上昭日月,下鉴鬼神!

在苏轼生活的时代,逃避婚姻、自由恋爱、痛伤亡妻而不作诗赋等行为都是只宜深藏、不能声张的事情,为此这段让人感慨万般的情感,只能隐于作者梦中。如今时过近千年,揭橥事情真相,抨击无知谰言,发扬纯真的爱,光大男女平等,乃我等义不容辞之责。以上一组文章,谨作对苏轼与王弗的深深怀念……

---

① 见平步青《霞外攟屑》卷三《居丧不作诗文》条引《朱文公答陈正己讲学墨帖》。

闰之篇

将她音容笑貌全然展现
大足宝顶山的宋代石雕
王闰之的特征无从查考
谁说苏轼的第二个夫人
是地地道道的四川媳妇
这个正喂养禽鸟的农妇

贤淑继室： 妻却差贤胜敬通

苏轼的夫人王弗病逝后，棺椁寄放于汴京（开封）城西的一个寺院内。后因苏轼的官职不断提升，王弗作为原配夫人，先后被朝廷追赠"魏城君""崇德君""通义郡君"等称号；辞世多年之后，才因苏轼当上翰林学士、礼部尚书等要职，荣膺"诰命夫人"。

宋英宗治平三年（1066）四月二十五日，也就是王弗去世尚不足一年，官为霸州文安县主簿（正九品下）、在太常礼院参与编修礼书的苏洵因病在汴京去世。宋英宗下诏抚恤，并赐给银两、绢帛，宰相韩琦等要员也都有银钱馈赠。苏轼却谢绝了这些赐赠，只请求朝廷能给父亲一个名副其实的官职。宋英宗答应了他的请求，追赠苏洵为光禄寺丞（从六品上，与儿子苏轼大理寺丞相同），又特令有关部门出具朝廷官船，运送苏洵灵柩回眉山安葬，王弗的灵柩因此而得以随行，并安葬于公公和婆婆的墓侧。苏轼在为爱妻所写的《墓志铭》中悲叹道：

君得从先夫人于九原，余不能。呜呼哀哉！余永无所依怙。
君虽没，其有与为妇何伤乎？呜呼哀哉！

古代为父母丁忧，名义上是守丧三年，实际每年以九个月计，共两年零三个月。就在苏轼兄弟远离京师，在眉山给父亲服丧期间，朝廷发生了巨大变化，三十六岁的宋英宗因病而亡，他的儿子、年方二十的宋神宗即位。待他们服丧期满，已到了宋神宗熙宁元年（1068）七八月间。

就在此后秋冬之际，苏轼续娶王弗的堂妹王闰之。苏轼后来在哀悼第

二位岳父的《祭王君锡文》中说：

> 轼始婚媾，公之犹子。
>
> 允有令德，天阏莫遂。
>
> 惟公幼女，嗣执罍篚。
>
> 恩厚义重，报宜有以。

"犹子"便是侄辈，这说明王君锡是王弗的叔叔，闰之即是王弗的堂妹。"罍"是烧茶的泥罐，"篚"为采桑用的竹筐，这两个字虽是谦辞，却恰如其分地表明闰之的身份，一个擅长炊茶采桑、舂米磨浆的村姑。

闰之家乡青神风光，传说古代蜀王诞生于此，身穿青衣，风采如神

值得注意的是，苏轼所娶的王闰之，当年已经二十一岁。[①] 根据宋代

---

① 《苏轼文集》卷二十一《阿弥陀佛赞》称元祐八年（1093）王闰之去世时四十六岁，由此推之，闰之当生于宋仁宗庆历八年（1048），属鼠，小王弗九岁，小苏轼十二岁，嫁给苏轼时虚龄二十一岁。

礼仪，"女子十四至二十"，如果不是丧服在身，"皆可成婚"①。从苏家的八娘十六岁嫁给程之才、王弗十六岁嫁给苏轼、史氏十五岁嫁给苏辙来看，眉山女子出嫁之日多在十五六岁之间。那么，闰之为何二十一岁还待字闺中呢？

原因只能有一个，那就是三年前王弗病逝时，苏王两家已经议定，将闰之嫁到苏家接替堂姊，给苏轼当继室。这桩姻缘，极有可能是王弗在病危之际做出的安排，否则，苏轼身为两中制举的"天子门生"、从六品的直史馆官员、欧阳修多次公开宣称的未来天下的文章宗师，不可能去娶一个老大不小的村姑。

这一点，确实被研究苏轼、为其修谱作传的学者们忽略了。

元祐八年（1093），闰之病逝于汴京，苏轼在《祭亡妻同安郡君文》中，终于清楚地道出原委：

> 昔通义君，没不待年；
> 嗣为兄弟，莫如君贤。
> 妇职既修，母仪甚敦。
> 三子如一，爱出于天。

"通义君"为朝廷后来对王弗的追封，"没不待年"，说明在王弗去世尚不到一年，苏轼和闰之的婚事便已定下。这样做目的很简单：唯有闰之作为继室，王弗所留下的幼子苏迈才会得到精心呵护。果然，闰之对姐姐的儿子和自己后来所生的苏迨、苏过，"三子如一"，皆同己出，苏轼不久便重新有了和谐、美满的家庭。

---

① 司马光：《书仪》卷三，《丛书集成》初编本。

三苏祠内的苏宅古井

根据自己在娘家的排行，新娘子原叫二十七娘，"闰之"这个名字，显然是苏轼给取的，她所出生的庆历八年闰正月，而闰之恰恰生于这个闰月里，"闰"的字面意义就是不期然地"增多"，对于苏轼来说，中年丧妻，只能给孩子找个继母，也与"闰"字吻合。

考察苏家族谱，我们发现，苏家的女人与当时社会大多数女性一样，都没有正式名字。苏轼祖母称史氏，母亲也只叫程夫人，而苏辙的妻子一辈子安于"史氏"之称，唯有苏轼的两个夫人和侍妾朝云，都和男人一样，拥有自己的名、字，这在当时是很少见的。从这一点来说，嫁给苏轼这样一位大文人，是她们莫大的幸运。

不仅如此，闰之比王弗更进一步，有了自己的字：季璋。由此可见闰之在家排行老三。

也许给不甚精通文墨的闰之取字，是在苏轼纳朝云为妾前后，因为朝云跟随苏轼，取字"子霞"；既然侍妾有字，夫人岂能没有？

钟来茵说"苏轼对前面两位夫人，感情平平淡淡，诗人为她们献上的作品仅一二篇"，实为妄言。如前所云，苏轼怀念王弗的作品绝不止"一二篇"，而提及闰之的诗文，则更多，所昭示的情感之真、之朴，更非浮光掠影者所能窥见。

闰之第一次被苏轼在诗文中向外人提起，便是以贤妻身份。

熙宁四年（1071）十一月二十八日，苏轼抵达杭州，出任通判。第三天，也就是十二月一日，他便去西湖寻访恩师欧阳修所介绍的朋友、孤山诗僧惠思和惠勤。在《腊日游孤山访惠勤惠思二僧》这篇名作里，他非常洒脱地写道：

> 天欲雪，云满湖，楼台明灭山有无。
>
> 水清石出鱼可数，林深无人鸟相呼。
>
> 腊日不归对妻孥，名寻道人实自娱。

在宋代，腊日是个公休日，皇上在这天赐给官员医药，平民百姓也互通有无，"闾巷家家互相馈送"[1]。在初到杭州，需与同事、邻里多打交道的日子里，苏轼放弃了人情往来，独自跑到孤山去寻僧会诗，还得意地说"腊日不归对妻孥"，正说明家中和"闾巷"之事妻子全能应对，这样他才得以远离尘世喧嚣，到清静的孤山观水赏鱼，与鸟雀相呼。此时闰之在开封所生的儿子苏迨尚不能走路，苏轼大伯父苏澹的长孙又病故于京城，侄子的遗孀及两个侄孙只好由他们抚养着，老奶妈年纪又大，十几口人的家务，全然交给闰之，苏轼的"洒脱"，实在是一种幸福。

后来他在重阳节写的《明日重九，亦以病不赴述古会，再用前韵》里，这样称呼自己的闰之：

> 可怜吹帽狂司马，空对亲舂老孟光。

"司马"是通判的代称，"孟光"则是汉人梁鸿的妻子。《后汉书》说梁鸿在江南给人做随从时，妻子孟光亲自舂粮，以维持生计，她与丈夫举案齐眉，相敬如宾。"老孟光"这个比喻，足以见出闰之勤劳能干，与丈

---

① 孟元老《东京梦华录》之《十二月》。

夫相濡以沫，感情十分深厚。

苏轼后来在给好友王巩的一首诗（《次韵和王巩六首》之五）中，给爱妻闰之以更高的评价：

> 子还可责同元亮，妻却差贤胜敬通。

"元亮"是隐逸诗人陶渊明的字，陶渊明在归耕田亩时，曾作《责子诗》，告诫儿子们不要懒惰。苏轼这两句诗，前面是点缀之词，妻子非常贤惠，才是他所标榜的。

"敬通"是东汉大鸿胪冯衍的字。《后汉书》称冯衍"幼有奇才，年九岁，能诵《诗》"，"博览群书"一词，最早就出自对他的评价①。冯衍学问、人品都好，更讲究气节，遗憾的是他娶了个特别悍妒的妻子，为此他终生牢骚不断，甚至给小舅子写信，要将他姐姐休掉。因此，《世说新语》的作者刘义庆才自嘲说，我与冯衍冯敬通相比，有三点十分相同：一是为人慷慨，高风亮节；二是刚直敢言，不为世俗所容；三是屋子里头有个厉害的老婆，家道坎坷。② 苏轼也喜欢无事自嘲，夫人若有一丝专横，他早就像刘义庆那样叫苦了，"妻却差贤胜敬通"一语，说明实在无可挑剔，自己这辈子比冯衍幸福多了。

有趣的是，苏轼在诗后还写下这样的自注：

> 仆文章虽不逮冯衍，而慷慨大节乃不愧乃翁。（冯）衍逢世祖英睿好士而不遇，流离摈逐，与仆相似。而衍妻悍妒甚，仆少此一事，故有"胜敬通"之句。

苏轼生性狂放豪纵，只有像闰之这样贤淑的女人，才能给予他更多的自由，才容得苏轼将自幼生在歌台舞榭的女子朝云收在身边，并与之终生

---

① 《后汉书》卷二十八《桓谭冯衍列传》。
② 《世说新语》自序。

和睦相处。也许王弗深知堂妹性情豁达、任劳任怨，才在临危之际特意安排她来照料自己不善理家的丈夫和幼小无依的儿子？

贤淑绝不是盲从，更不等于逆来顺受。闰之跟随苏轼十六年，历经杭州、密州、徐州、湖州官任，共同遭受谪居黄州的生涯，后又从朝廷到州郡，再由州郡回朝廷，几起几落，颠沛流离，但她在苏轼的生活中，绝不是可有可无之人。请看下面一例：

苏轼刚到密州当太守时，正值天下大旱，蝗灾四起，百姓饥馑，民不聊生。苏轼到任伊始，便投身灭蝗，接着扶困济危，沿着城墙捡拾弃婴，最后与百姓一道挖野菜，度饥荒，几乎到了身心交瘁的地步。偶尔在家里发点脾气，对孩子说话声音大些，是可以理解的。苏轼有首《小儿》诗，就记载着家中发生的一件小事：

> 小儿不识愁，起坐牵我衣。
> 我欲嗔小儿，老妻劝儿痴。
> 儿痴君更甚，不乐愁何为？
> 还坐愧此言，洗盏当我前。
> 大胜刘伶妇，区区为酒钱。

诗中的"小儿"应是闰之在杭州生的苏过，当时仅四岁，见到父亲从外面回来了，大概是想要点好东西吃。苏轼又累又饿，也许是刚刚挖完野菜、捡罢弃婴，身心交瘁，于是就发了脾气。所谓"儿痴君更甚，不乐愁何为"，是记述闰之的话，用现在的话语，就是"小孩子不懂事倒罢了，你怎么比他还任性？回到家就生气，干吗不找点乐子呢？"既有责怪，又有怜爱，还有对丈夫、儿子的双重关怀。接着她就给丈夫洗净茶盏，沏上新茶，或许是端上苏轼喜欢的密州"薄薄酒"，用融融暖意让丈夫回到温馨的家庭之中。

此时苏轼除了自责之外，还有什么可说的呢？

"大胜刘伶妇，区区为酒钱"，说的是另一个故事。晋代名士刘伶是个酒鬼，家里只要有点钱，就被他拿出去买酒喝。为帮他改掉酗酒的毛病，

刘夫人常把酒给藏起来，甚至"捐酒毁器"，把酒泼掉，酒器砸了，弄得刘伶在家里只好整天说谎、骗酒喝。苏轼认为闰之的德行，大胜于刘伶夫人，爱而不溺，怨而不肆，像这样惟妙惟肖的诗，这样真真切切的生活感受，不是对闰之最好的赞颂么？

狱中悔恨： 身后牛衣愧老妻

元丰二年（1079），历经密州、徐州、湖州太守之任的苏轼，因在诗文中"讥切时事"①"讪上骂下""腾沮毁之论"②，被神宗御批差人捉拿，于七月二十八日戴上枷具，押赴汴京，当时情状，被人这样形容：

> 苏轼以吟诗有讥讪，言事官章疏狃（于）上，朝廷下御史台差官追取……（皇甫）僎径入州廨，具靴袍，秉笏立庭下，二台卒夹侍，白巾青巾，顾盼狞恶，人心汹汹不可测……吏顷刻之间，拉一太守如驱鸡犬。
>
> ——《苏轼以吟诗下吏》，孔文仲《孔氏谈苑》卷一

堂堂太守，天下名士，突然从万人景仰的位置上跌落下来，被皂吏们鸡犬般地呵辱着，面对这种遭际，苏轼都有些不知所措，家人如何魂飞魄散，惶惶难安，便可想而知。

好在苏轼的好友、驸马都尉王诜得知消息后，事先派人通知了在南都（今河南商丘）为官的苏辙。苏辙急忙派出家人，星夜兼程，与朝廷捕快展开竞奔，提前一天到了湖州，将这坏消息告诉了苏轼。苏轼当时的应对是：

---

① 《监察御史里行舒亶劄子》，见宋·朋九万《乌台诗案》。
② 《御史中丞李定劄子》见宋·朋九万《乌台诗案》。

臣即与妻子诀别，留书与弟辙，处置后事，自期必死。

——《杭州召还乞郡状》，《苏轼文集》卷三十二

闰之自熙宁元年（1068）嫁给苏轼，至此已历十二个年头。即便丈夫动不动就拿钱接济别人，家里人口又多，她靠勤劳和节俭，还是把一切安置得井井有条，再大的困难也能应对。可丈夫出了如此大的事，就像天要塌下来一般，闰之一时无法应对。苏轼为了安慰妻子，临别之前给她讲了这样一个故事：

当年真宗皇帝去泰山封禅，回来时听说有个高人杨朴，安贫乐贱，吟诗自娱，不愿为官，便让人将他召到御驾之前。皇上问："听说你整天与人吟诗唱和，临行之前，有没有人给你作诗送行？"杨朴说："没有。不过我的老妻唱了一绝。"皇上且惊且喜，问道："你夫人也会吟诗？不妨诵给朕听听。"杨朴不愿回答。在皇上再三强迫下，他才诵道："且休落魄贪杯酒，更莫猖狂爱咏诗。今日捉将官里去，这回断送老头皮。"皇上听了大笑，不复强留，将杨朴放了回去。说完故事，苏轼还和闰之开起了玩笑："夫人若是想救我，何不也吟诗一首，感动皇上呢？"

夫人听了，不禁哑然失笑。①

由此可见，苏轼被捕之前，并没有被吓得魂不附体。相反，他在尽力安慰闰之和家人。当时苏迈已经成婚生子，他要陪着父亲前往汴京，闰之带着两个不足十岁的儿子，还要照顾年逾七十的任奶妈，以及苏迈的老婆、出身大户人家的范氏和新生的楚老（苏箪，苏轼长孙），全家老小的安危，都系于闰之一身。在南都（今河南商丘）为官的苏辙深知嫂子十分艰难，急忙派人到湖州来接他们。当苏轼被押到宿州时，闰之已经启程，

① 根据苏轼《题杨朴妻诗》《题魏处士诗》改写。二文分别见《苏轼文集》卷六十八、《佚文汇编》卷五。

全家都在船上。这时御史台再度派人，前来搜寻诗文取证，全家老小，受到极度恫吓。闰之在惊恐之余，做了一件不该做的事情：

> 至宿州，御史符下，就家取文书。州郡望风，遣吏发卒，围船搜取，老幼几怖死。既去，妇女恚骂道："是好著书，书成何所得？而怖我如此？"悉取烧之。
>
> ——《黄州上文潞公书》，《苏轼文集》卷四十八

苏轼现存的诗文，湖州任上最少，就是闰之一气之下，付之一炬的缘故。可苏轼后来并没怨她，反而以调侃语气述说此事，他对闰之的关爱与理解，于此可见一斑。

苏轼入狱之后，有段时间受辱至极，以为自己会死在狱中，曾写下两首绝命诗，交狱卒梁成，请他转送弟弟子由。二诗如下：

> 圣主如天万物春，小臣愚暗自忘身。
> 百年未满先偿债，十口无归更累人。
> 是处青山可埋骨，他年夜雨独伤神。
> 与君世世为兄弟，更结来生未了因。
>
> 柏台霜气夜凄凄，风动琅珰月向低。
> 梦绕云山心似鹿，魂飞汤火命如鸡。
> 眼中犀角真吾子，身后牛衣愧老妻。
> 百岁神游定何处，桐乡知葬浙江西。
>
> ——《予以事系御史台狱，狱吏稍见侵，自度不能堪，死狱中，不得一别子由，故和二诗授狱卒梁成，以遗子由》

这两首诗，前面一首是留给弟弟的，"是处青山可埋骨，他年夜雨独伤神。与君世世为兄弟，更结来生未了因"，已成为传唱千古的名句，手足之情、胞裔相泽，读之令人唏嘘，据说神宗皇帝看了都为之动容，决定

不再杀害苏轼。

然而诗中的重中之重，还是以家小相托。"百年未满先偿债，十口无归更累人"，已然流露他对妻子儿女不能尽责的悔恨，"眼中犀角真吾子，身后牛衣愧老妻"，则是写给闰之的绝笔，一声"老妻"，包含着无限愧怍、无尽深意。

"眼中犀角真吾子"之句，历来注释者都引用史书为例，说苏轼在形容孩童长相怪异、容貌顽劣。

在《国语·郑语》里，确实有"今王恶角犀丰盈而近顽童穷固"之语，《南部新书》还说"杜琮目为秃角犀……不省刑狱"。其实苏轼这里在写他与闰之所生的第一个儿子苏迨，这孩子长到三四岁，依然不会说话、无法走路，苏轼在杭州做通判时，曾亲自带着迨儿去天竺寺，请那里的高僧辩才大师给他医治，大师手到病除，还收苏迨为俗家弟子。后来苏轼又多方延请道人为他布气、医治，才使他慢慢恢复成正常孩童的样子。

"我有长头儿，角颊峙犀玉。"这是苏轼《致辩才》诗中对苏迨的描写，就是狱中遗诗中所说的"犀角"儿。关于"犀角"，唐人任逍遥在相书《月波洞中记》中，有这样一段评述：

> 所谓九骨者，一曰颧骨，二曰驿马骨，三曰将军，四曰日角，五曰月角，六曰龙宫，七曰伏犀，八曰巨鳌，九曰龙角。东西两岳高成为颧骨，势入天仓为驿马，耳齐为将军骨，左眉上隐隐而起者名曰月角骨，右眉上隐隐而起者名曰日角骨，绕眼圆起者名龙宫骨，鼻上一骨起者至脑名曰伏犀骨，耳两畔满拙骨高者名曰巨鳌骨，两眉毛入边地稍高似角者名龙角骨，亦名辅角骨。以上九骨皆三品之相。

诚如前人所言，苏轼诗文镕铸典故，犹如洪炉，铁锡俱化，诸子百家、稗史遗文、相书术数，无不容纳。当时高僧仙道，无不对苏迨施展高招，"犀角"之相，褒贬俱存。苏轼和天下父亲一样，儿子再有缺陷，也是自己最爱的宝贝，所以他才用相书的"伏犀骨""龙角骨"来称儿子，并以"眼中"与"身后"对举，表明在他眼里，带有病症的儿子，依然是他心魂所系、最为关心的。这里不仅隐含着他对儿子的关爱，更深的是对生这孩子的母亲——闰之的最为宽容也最体己的肯定。

"身后牛衣愧老妻"，这句诗是出自内心的对闰之的忏悔。"牛衣"是平民百姓的衣着，《汉书·食货志》里曾引董仲舒的话说：

> 贫民常衣牛马之衣，而食犬彘之食。

苏轼在徐州当太守时，曾在词中这样记载当地农村风物：

> 簌簌衣巾落枣花，村南村北响缲车，牛衣古柳卖黄瓜。
> ——《浣溪沙·徐门石潭谢雨，道上作五首》之四

显而易见，在苏轼看来，他死之后，闰之只好回老家眉山，靠耕种为生，养活他们的儿子了。"牛衣老妻"，是他对闰之未来情形最恰当的写照。

后来谪居黄州，闰之的"牛衣老妻"风姿，得到了最完美的体现。

黄州团聚： 只愿人生无别离

　　元丰二年（1079）十二月二十八日，苏轼在太皇太后等人的多般解救下，终于获释出狱，被编管在黄州，名义上是团练副使，实际为流放罪人。苏轼得到自由后，马上依照原韵，自和前诗二首寄给弟弟，其中仍在牵挂着寄居南都的老妻：

> 休官彭泽贫无酒，隐几维摩病有妻。
> ——《十二月二十八日，蒙恩责授检校水部员外郎、
> 黄州团练副使，复用前韵二首》之二

　　"彭泽"即陶渊明，"维摩"指高僧维摩诘。陶渊明弃官归隐，用头巾自己酿酒，维摩诘是和尚，当然没有妻室，他便把诵经说法而得到的喜悦当成妻子所给的安慰。苏轼用这两个典故，表面上在说丢官投荒并不可怕，即使病了，便以诵经说法来补偿老妻不在身边的落魄，此中恰恰透露出，失去了老妻闰之的料理，他的生活将变得一塌糊涂。

　　元丰三年（1080）二月一日，苏轼到达黄州，与儿子苏迈一道寄居于定惠寺。闰之带着全家，在苏辙的护送下，取道汴水东下，经淮河、运河再入长江，以期与丈夫在黄州相聚。此时苏辙自请以其官职，为兄贷罪，被贬到筠州（今江西高安）监管酒税。

　　苏轼寓居于黄州定惠寺的一段日子，是其一生最为百无聊赖的时期。生性好动、喜欢友朋宴集的他，对消息十分闭塞的黄州生活极不习惯，他在给闰之弟弟王箴的信中慨叹道：

黄州真在井底，杳不闻乡国消息！

——《与王元直》

抛妻别子、远离乡国的苏轼，为了排遣孤独和郁闷，做出了许多看似荒唐，实则为发泄郁闷情绪之举。请看宋代笔记的记载：

> 子瞻在黄州……每旦起，不招客相与语，则必出而访客，所与游者亦不尽择，各随其人高下，谈谐放荡，不复为畛畦，有不能谈者则强之说鬼，或辞无有则曰：姑妄言之。于是闻者无不绝倒，皆尽欢而后去。设一日无客则歉然若有疾。
>
> ——叶梦得《避暑录话》卷上

> 苏子瞻初谪黄州，布衣芒屩，出入阡陌，多挟弹击江水，与客为乐。每数日必一泛舟江上，听其所往，乘兴或入旁郡界，经宿不返，为守者极病之。
>
> ——吕祖谦《卧游录》，载《说郛》卷七十四

寂寞难耐之时，缠着路人说鬼，人家的鬼故事讲尽了，还让他"姑妄言之"，自小爱听逸闻趣事的苏轼，终于找到了打发时间的最佳方式。后来，他将这些故事编成《志林》和《艾子杂说》，在《世说新语》和《聊斋志异》之间搭起一道桥梁。六百年后的蒲松龄，摆茶于路途之上请人说鬼谈狐，就是沿袭了苏轼的做法。

当然，并非所有的过路人都愿为他说鬼，有的村夫莽汉，就对这位看上去不太正常的罪人推来搡去，苏轼自己说：

> 得罪以来，深自闭塞，扁舟草履，放浪山水间，与樵渔杂处，往往为醉人所推骂。
>
> ——《答李端叔书》

宋代对被编管之人的行动范围有着十分严格的规定，未经批准，绝不允许擅自出境，吕祖谦说他"乘兴或入旁郡界，经宿不返，为守者极病之"，完全是事实。苏轼到黄州不到一个月，就曾跟随友人私自到大江南岸的武昌（今湖北鄂州）游玩，自己还不无炫耀地说：

> 数日前，率然与（杜）道源过江，游寒溪西山，奇胜殆过所闻！

——《与陈季常》

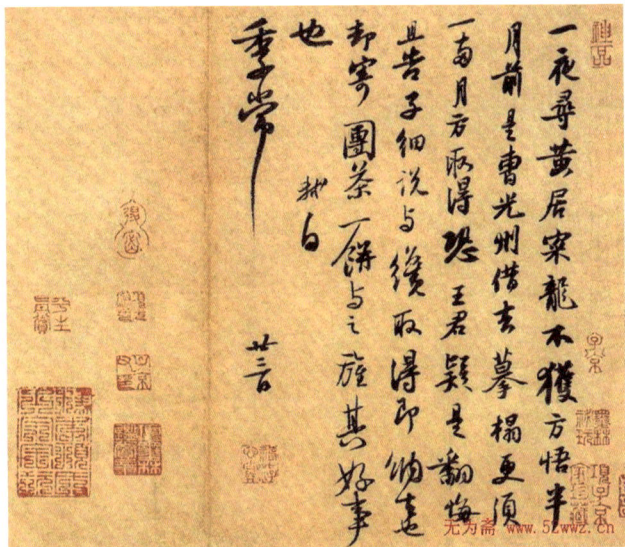

苏轼《与陈季常书》手迹

元丰三年四五月间，终于传来佳音：弟弟子由船至九江，他留自己妻儿老小在江船里候着，奉送嫂嫂来黄州与哥哥团聚。苏轼接到消息，便在好友帮助下，把江边水驿站临皋亭边上的回车院（就是后来官家招待所外边的停车场管理用房）重新整修，作为全家栖身之所。得知妻子和儿孙即将到来的消息，他的心态马上换了个样子。范镇的侄子范百嘉（也是苏过的未来岳父），此时来信劝子瞻设法返回蜀川，隐归乡里，还说他本人已在家乡置办了新的宅第，望他能照此办理。子瞻在回信中说：

> 临皋亭下八十数步，便是大江，其半是峨嵋雪水，吾饮食沐浴皆取焉，何必归乡哉！江山风月，本无常主，闲者便是主人。闻子丰新第园池，与此孰胜？所以不如君者，上无两税及助役钱尔！
>
> ——《临皋闲题》

此时司马光已回到洛阳，集中精力编写《资治通鉴》，他也来信劝道：子瞻你看惯了苏、杭山水，密、徐楼台，黄州乃僻壤穷乡，没有多大意思，你就别再写什么东西了，言多必失。子瞻在回函里，又是毫无穷困偃蹇之态，反而充满诗意：

> 寓居去江干无十步，风涛烟雨，晓夕百变，江南诸山在几席之上，此幸未始有也！
>
> ——《与司马温公》

远在家乡的叔丈王庆源，对子瞻境遇十分关怀，他想请子瞻回到青神，与他在瑞草桥边一边嗑瓜子，一边谈诗。子瞻却说自己不想回去：

> 扁舟草履，放浪山水间，客至，多辞以"不在"，往来书疏如山，不复答也——此味甚佳，生来无此适（意）！
>
> ——《与王庆源》

夫人和家小到来的消息，让苏轼的生活再度充满阳光，处处彰显诗意。五月底，子由的船只到了磁湖的巴河口（今黄石境内），距黄州尚有四十三里。苏轼再也按捺不住了，为了迎接自己的亲人，他带着苏迈再次违规出境，一家人见面后，悲喜交集。他这时写诗说：

> 去年御史府，举动触四壁。
>
> 幽幽百尺井，仰天无一席。
>
> 隔墙闻歌呼，自恨计之失。
>
> 留诗不忍写，苦泪渍纸笔。
>
> 余生复何幸，乐事有今日？
>
> ——《今年正月十四日与子由别于陈州五月
>
> 子由复到齐安（黄州一带）以诗迎之》

痛定思痛，方知家人团聚来之不易，天伦之乐弥足珍贵。

闰之到后不久，便是七夕，苏轼写下两首《菩萨蛮》词。其一是：

> 画檐初挂弯弯月，孤光未满先忧缺。
>
> 还认玉帘钩，天孙梳洗楼。
>
> 佳人言语好，不愿求新巧。
>
> 此恨固应知，愿人无别离。

七夕本是"乞巧"之日，苏轼不再仰慕天上的鹊桥之会，却更珍爱人间的永无别离之聚。从此他便与闰之厮守在一起，直到老妻病逝，再无暌违。夫妻之情，岂是"平平淡淡"四字就能道得？另一首是：

> 风回仙驭云开扇，更阑月坠星河转。
>
> 枕上梦魂惊，晓檐疏雨零。
>
> 相逢虽草草，长共天难老。
>
> 终不羡人间，人间日似年。

在第二首词中，苏轼不仅流露了黄州生涯的艰辛，词中也充满对闰之的歉疚之意。由于贬谪开始，低微的薪俸也没有着落，他只好过着"度日如年"的贫困生活。幸亏闰之非常节俭，善于理财，她手里还有一些往日积蓄，能让家人免受饥饿。在她的安排下，苏轼如此分配他们仅有的钱财：

> 东坡谪齐安（黄州），日用不过百五十。每月朔，取钱四千五百，断为三十块，挂屋梁上，平旦用画叉挑取一块，即藏去。又以竹筒贮用不尽者，以待宾客。云："此贾耘老法也。"又与李公择书云："口腹之欲，何穷之有！每加节俭，亦是惜福延寿之道。"
>
> ——罗大经《鹤林玉露》乙编卷五

贾耘老名叫贾收，是湖州的一名秀才，苏轼在杭州时，就通过老词人张先与他认识，后来苏轼做了湖州太守，还经常对他予以接济。将贾收过穷日子的方法借以度日，恐怕出自闰之的建议，依照苏轼那种有多少花多少的习性，用不了几天就难以为继了。

牛衣老妻： 躬耕东坡医病牛

节俭只能省钱，不能生财，长此以往，坐吃山空，仅有的积蓄也会用光。苏轼到黄州的第二年，过去一直随他做"书记"（秘书）的马梦得，从杞县赶到黄州，通过各种关系，把城东一块闲置的训练军队的营地要了过来，作为苏轼的躬耕之资。苏轼从此像陶渊明一样，过起自耕自种、自食其力的生活，并想把自己的名号，定为"麋糟陂里陶靖节"（陶渊明）。他在给好友王巩的信中说：

> 近于侧左得荒地数十亩，买牛一具，躬耕其中。今岁旱，米贵甚。近日方得雨，日夜垦辟，欲种麦，虽劳苦却亦有味。邻曲相逢欣欣，欲自号"麋糟陂里陶靖节"，如何？
>
> ——《与王定国书》

"麋糟"是浙江湖州人口语，意思是日子糟透了、过得窝心；"陂里"则是乡巴佬的意思，苏轼后来曾用这四个字，笑骂在朝廷处处死守陈规、不知变通的程颐，说他是"麋糟陂里叔孙通"，结果弄得对方极为恼火。其实这个名号并没多少恶意，苏轼给自己取"麋糟陂里陶靖节"这个长长的名号时，就充满自嘲之意。无奈程颐是个极要面子的人，他和弟子们只以为"麋糟陂里"是骂人的话，再加上为刘邦制定礼仪的叔孙通名声不太好——当年他们这类儒生，帽子常被刘邦拿去充当尿器，可他们在刘邦登上皇位后，还是争先恐后地跑去替他制定礼仪——程颐当然更不高兴，从此二人结下深深的梁子。以苏轼为首的"蜀学"和以程颐为首的"洛学"

之争，自此开始，以后演变成"蜀党"与"洛党"，可见玩笑不能随便开，更不能不看对象，这些将在《交游篇》里专论。

"鏖糟陂里陶靖节"之号太长、太拗口，又不合黄州语境，苏轼的这个名号没有叫开。由于他所耕种的那块地在城东，又是山地，俗称东坡，于是苏轼便以"东坡"为号，从此人称"东坡居士"。

然而有关"东坡"两个字的文化内涵，在此需要稍费笔墨。

苏轼率领全家开始躬耕后，曾写下著名的组诗《东坡八首》，一如陶渊明弃官躬耕之后写下的《归园田居》。南宋宰相兼诗人周必大，曾在所著《杂志》中这样解道：

> 白乐天为忠州刺史，有《东坡》《种花》二诗。苏文忠公不轻许可，独敬白乐天，屡形诗篇。谪居黄州，始号"东坡"，其原盖起于乐天忠州之作也。
>
> ——《苏文忠公诗合注》载宋人施元之注引

"文忠"是南宋的孝宗皇帝对苏轼追封的谥号，这个封号既有文采过人之誉，又彰显其"挺挺大节"，只有苏轼的恩师欧阳修等少数人才能荣膺。周必大的话不无道理，苏轼确实对白居易赞赏有加，而白居易在忠州时写的那两首诗，也与此时的苏轼情境类似。周必大所说的"东坡"，实为"步东坡"，白居易在诗中说：

> 朝上东坡步，夕上东坡步。
> 东坡何所爱，爱此新成树。

需要说明的是，白居易在忠州东坡，所种的是树，所爱的也是树。而苏轼在黄州东坡，以种大麦、小麦、水稻等粮食为主，只是偶尔夹杂一点果树、茶树。

《种花》全称为"东坡种花"，白居易写道：

持钱买花树，城东坡上栽。

白居易身为太守，追求的是观赏价值，这与苏轼在东坡上大种农作物以养家糊口大不相同。后世喜欢苏轼、研读东坡的人大都沿用周氏之说，却没深入考证另一个事实，那就是白居易的东坡仅为地名，而苏轼决意要做"东坡人""东坡叟"，他的《东坡》绝句说：

雨洗东坡月色清，市人行尽野人行。
莫嫌荦确坡头路，自爱铿然曳杖声。

显而易见，白居易在东坡种树种花，展现的是"市人"情趣，苏轼除了借东坡以生存外，着意追求"野人"的乐趣。在诗歌上，苏轼于前代贤人推崇颇多，对陶渊明、李白、杜甫的赞誉都远过白居易；而在文章上，他更将庄子、司马迁和唐代的陆贽奉作楷模，可谓转益多师，方成大家，并非唯白是尊。值得我们注意的是苏氏前缘：唐代的苏颋极有文名，做过中书舍人、礼部尚书，被封许国公。他在当益州刺史时，曾发现李白"天才英特，少益以学，可比（司马）相如"，唐玄宗称他为苏味道（苏轼先人）的继承者，并与宰相、燕国公张说共称"燕许大手笔"[①]。苏颋在一首题为"新昌小园"的诗里，早就这样写道：

闲花傍户落，喧鸟逼檐驯。
寂寞东坡叟，传呼北里人。
在山琴易调，开瓮酒归醇。

这里的"东坡叟"就是指人，表达的也正是东坡所追求的"野人"之趣。而比苏颋晚生百年的白居易，只是将"东坡"作为地名，引入诗中而已。仔细品味便可得知，苏轼以"东坡"为号的深意，与其说与白居易诗

---

① 有关苏颋事迹及诗文，见《新唐书》本传及《全唐诗》。

意相近，毋宁说更贴近同姓宗亲。

话再回到东坡居士与他的"老妻"闰之身上。农耕生活开始后，闰之更起到了举足轻重的作用。苏轼在给友人的信中，这样描述他们的生活：

> 某见（现）在东坡，作陂种稻，劳苦之，亦自有乐事。有屋五间，果菜十数畦，桑百余本，身耕妻蚕，聊以卒岁也。
>
> ——《与李公择》

"身耕妻蚕"，便是男耕女织，他们虽在黄州，却如同回到眉山一样，只是闰之由过去的村姑，变成了眼下的农妇。

苏轼少时种过田，但那只是偶尔为之；学过医，仅给人看病而已。说到耕地播种、饲养牲畜的细节，他的经验就欠缺许多。比如，头一年在东坡种麦子，他拼命追肥，加上那年春天多雨，麦子过早地疯长起来，春分刚过就有拔节的趋势，没到小满，就有可能要抽穗儿，这样一来，所收到的将全是瘪麦。无奈之下，苏轼只好请教黄州的老农，然后到处牵牛借羊，将长得过高的麦子啃去一大截，终于遏制住麦子的过早发育。闰之在种田上是否比丈夫有经验，苏轼没有记载，但从她会给牛看病这件事上，足以证明她是个行家里手：

> 东坡在黄（州），即（东）坡之下，种稻为田五十亩，自牧一牛。牛忽病，几死。王夫人（闰之）谓（东）坡曰："此牛发豆斑，疗法当以青蒿作粥啖之。"如言而疾去。（东坡）尝举似章子厚。子厚曰："我更欲留君与语，恐人又谓从牛医儿来，姑且去。"遂大笑别。
>
> ——《苏长公外记》

章子厚就是苏轼同年进士、当时参知政事（副宰相）章惇。关于这件事，苏轼自己在信中曾有详细的说明：

> 仆居东坡，作陂种稻，有田五十亩，身耕妻蚕，聊以卒岁。
> 昨日一牛病，几死。牛医不识其状，而老妻识之，曰："此牛发豆斑疮也，法当以青蒿粥啖之。"用其言而效。
>
> ——《与章子厚》

请注意，他们所养的牛病了，而且病得很重，连当地专门给牛治病的兽医都束手无策。这时"老妻"闰之出现了，她一眼就看出牛得的是什么病，而且拿出了医牛的方法，居然是葛洪曾用来治疟疾的青蒿！青蒿粥，挽救了那头对苏轼全家来说极为宝贵的"生产力"。

好一个"老妻"，苏轼将她引以为豪！其实这年闰之才三十三岁，正是农妇一生最美的时刻。一个"老"字，道出东坡居士对她的几多倚重、几多赞美！

过去人们说到这儿，无一例外地以为事情完结了。其实，精彩的还在后头。东坡继续对章惇说：

> 勿谓仆谪居之后，一向便作村舍翁。老妻犹解接黑牡丹也。
> 言此，发公千里一笑。

什么是"接黑牡丹"？宋时已有黑色牡丹花，难道闰之还会花木嫁接之术？苏轼没有细说，许多人无从解此哑谜，只好就此打住。

苏轼曾有一首《墨花》诗，记述他向汴京人尹白求画，其中"独为狂居士，求为黑牡丹"，可解这一疑窦。宋人程縯注此诗时说：

> 唐末刘训者，京师富人。梁氏开国，尝假贷以给军。京师春游，以观牡丹为胜赏，训邀客赏花，乃系水牛数百在前，指曰："刘氏黑牡丹也。"

原来有人将"黑牡丹"代指水牛，所谓"接黑牡丹"，就是给水牛接生。自此之后，"黑牡丹"成了名贵水牛的代名词。如宋人戴复古的绝句：

牡丹花下连宵醉，今日闲看黑牡丹。

得此躬耕东海曲，一贫无虑百忧宽。

——《题牛图》，载《全宋诗》

戴复古稍后有位诗人，名叫汤炳龙，他也有一首诗，提及"黑牡丹"，对解读东坡"哑谜"至关重要，不妨全录如下：

我本山阳田舍叟，家有淮南数千亩。

江南倦客老不归，此田多为势家有。

犹记少年学牧时，去时日出归日西。

我生衣食仰此辈，爱之过于百里奚。

祇今辛苦耕砚席，无处卖文长绝食。

卷中邂逅黑牡丹，相逢喜是曾相识。

负郭无须二顷田，一双栗角能几钱。

数口之家便可饱，要如此图知何年。

平生富贵非所愿，城府近来尤可厌。

何时倒乘牛背眠东风，胜如仰看宣明面。

——《题江贯道百牛图》，原载《淮安府志》卷三十

江贯道就是江参，他是宋代著名的江南画家，"笔墨学董源，而豪放过之"①。原来宋人作画，常以黑牛为对象，其中珍品便是"黑牡丹"。

早在苏轼之前，就有许多大家以画牛闻名于世，比如晋代的戴逵，曾有《三牛图》传世；唐代名家韩滉，"牛羊最佳"；其弟韩嵩，"不善他物，唯善水牛而已"，"尝画山泽水牛之状，穷其野性筋骨之妙，故居妙品"②。画《百牛图》的江参，所师董源，更是"善画山水，水墨类王维，著色如李思训。兼工画牛、虎，肉肌丰混，毛毳轻浮，具足精神，脱略凡

---

① 见宋·邓椿：《画继》卷四。

② 唐·张彦远：《历代名画记》及《唐朝名画录》。

格……有《春泽牧牛》《牛》《虎》等图传于世"[1]。苏轼与章惇借刘训典
故，将黑水牛称作"黑牡丹"，从此画中便增此一绝。

唐代画家韩滉的传世名作《五牛图》。其中的黑花牛，类似苏东坡和宋人所说
的"黑牡丹"

而这一绝，与"老妻犹解接黑牡丹也"相连，不仅表明了苏轼的"老
妻"王闰之会医牛、能替牛接生崽儿，还为后世诗坛画界，留下一桩传世
佳话。

[1] 宋·郭若虚：《图画见闻志》卷三。

耳濡目染： 老妇之语妙于诗

苏轼不仅将闰之称为"老妻"，在给朋友的往来书信中，还常常称她为"老媳妇"：

> 老媳妇得疾，初不轻，今已安矣，不烦留念。……适少冗，不敢稽留来使。少间，别奉状次。
>
> ——《与朱康叔》

> 新居渐毕工，甚慰想望。数日得君字韵诗。茫然不知醉中拜书道何等语也。老媳妇云"一绝乞秀英君"，大为愧悚……
>
> ——《与陈季常》

有时简称为"老妇""妻"和"妇"：

> 老妇病稍加，某亦自伤暑，殊无聊，遂且谒告免词事也。
>
> ——《与钱穆父》

> 新年已赐黄封酒，旧老仍分頳尾鱼。
> 陋巷关门负朝日，小园除雪得春蔬。
> 病妻起斫银丝脍，稚子欢寻尺素书。
>
> ——《杜介送鱼》

前日辱简，以妻孥皆病不即答，悚息！悚息！

——《与钱穆父》

"夫妇之好，义同宾友。勤瘁相成于艰难之中，而死生契阔于安乐之后"，这是宋哲宗要加封司马光三代时，苏轼为司马光《故妻张氏温国夫人》之诏所写的制词。这四句话，既是苏轼与王弗、闰之结褵以来的切肤感受，也可视作他对夫妇之道的座右铭。看到上面书信诗文中再三向朋友提及"老媳妇得疾""老妇病稍加""妻孥皆病"，便可知道他将闰之的身体时刻挂在心上，乃至为此拒绝给友人写诗、题词，而"病妻起斫银丝脍"一语，又足以显示闰之的隐忍妇德和她对丈夫与家人尽职尽责的品性。

病妻起斫银丝脍——宋代一块画像砖上的图，可与苏轼写老妻闰之的诗相映成趣

检视苏轼现存的全部著作，找不到"贱内""拙荆"等封建社会司空见惯的贬称夫人的字样。

"义同宾友"四个字，用在苏轼与闰之身上，恰如其分；这四个字，也体现了东坡与封建士大夫的区别。

在现存资料中，看不出闰之有识文断字的迹象。但作为一代文豪、天下文宗的夫人，闰之在耳濡目染中，不断提高自己的修养，当丈夫要谈"风月"时，她先是创造条件，后便不自觉地参与其中。

东坡酒量甚小，"稍饮辄醉"，却时常要喝个不停，酒是他作诗写词的引子，没有酒，便没兴致，也写不出好的作品。

闰之深深了解这一点，她时常贮备一些薄酒，供丈夫解乏，更为他即兴创作营造氛围。正因为此，我们才能在苏轼的传世名篇中，有幸看到闰之善解人意之处。

元丰五年（1082），温饱问题得到初步解决的东坡居士，多次畅游赤壁，先后写下《念奴娇·赤壁怀古》和《赤壁赋》两篇绝妙词、文。友人云集增添了他的游兴，十月十五这天，他与二位朋友一起，决定在冬雪到来之前，再到赤壁山上探寻一番。友人捕到鲜鱼，却没有酒，顿觉兴味索然。东坡知道，老妻经常悄悄藏些酒，以备他不时之需。于是回家向闰之求助，果然如愿以归。

东坡在《后赤壁赋》这篇清空灵幻的妙文中，这样描述当时的情形：

> 是岁十月之望，步自雪堂，将归于临皋。二客从予，过黄泥之坂。霜露既降，木叶尽脱。人影在地，仰见明月。顾而乐之，行歌相答。
>
> 已而叹曰："有客无酒，有酒无肴，月白风清，如此良夜何？"
>
> 客曰："今者薄暮，举网得鱼，巨口细鳞，状似松江之鲈，顾安所得酒乎？"归而谋诸妇。
>
> 妇曰："我有斗酒，藏之久矣，以待子不时之需。"

毫不夸张地说，当天如果没有闰之的酒，东坡和友人可能就游不成赤壁；即使游了，也没有那么大的兴致；就算有兴致，东坡没有酒，也不可能做那个奇怪的梦——总而言之，没有闰之的那"斗酒"，可能就没有举世奇文《后赤壁赋》。

"我有斗酒，藏之久矣，以待子不时之需。"这是赋的语言，更充满诗

的意境。"子"是文人学士互称之雅语，闰之未必会这样称呼老公，可在东坡眼里，关键时候拿出珍藏以增兴致的老妻，已然是个很有情调、大助诗兴的贤妇，本来就该入诗、入画。

我们不妨将这句话与苏轼在密州时写的《小儿》诗比较一下，那时闰之的话是"儿痴君更甚，不乐愁何为"，犹如村巷俚语，直来直去。

原本只会说村巷俚语的闰之，渐渐操着雅语，走进东坡诗的天国。

十年之后，东坡居士被任命为颍州（今安徽阜阳）太守。正月十五元宵之夜，独自在家甚感无聊。这时，甚知丈夫心情的"老妻"，用诗的语言开启了他的情思。请看苏轼友人的两则笔记：

> 东坡知颍州时，一夕，月下梅花盛开。王夫人曰："春月色胜如秋月色，秋月令人惨凄，春月令人欢悦，何不招赵德麟辈来饮花下。"东坡喜曰："谁谓夫人不能诗？此真诗家语也。"
>
> ——赵令畤《侯鲭录》

> 苏公居颍，春夜对月。王夫人曰："春明可喜，秋月使人愁耳。"公谓前未及也。遂作词曰："不似秋光，只与离人照断肠。"老杜云："秋月解伤神。"语简而益工也。
>
> ——陈师道《后山诗话》

赵德麟就是赵令畤，当时在颍州作签书判官；陈师道为苏轼门徒，充任州学教授。二人所记略有小异，但闰之对春月与秋月引起人情思的不同见解，却是一致的。"谁说我的老妻不会写诗？她一出口就是诗人的话语！"东坡对他的下属这样夸耀着。

为了记住这段佳话，东坡特意写了一首词：

春庭月午，摇荡香醪光欲舞。

步转回廊，半落梅花婉娩香。

轻云薄雾，总是少年行乐处；

不似秋光，只与离人照断肠。

——《减字木兰花·春月》

同样是酒，这一回酒上泛起春月的光影。光影还在酒面上参差欲舞，这表明东坡看到老妻从一个村姑，渐渐蜕变成自己的知音，他的心情也同春光一样明媚。

谁说闰之未能识文断字，就无法与东坡心有灵犀？

宽容有助： 任君醉狂解君忧

东坡不善饮酒，常会喝醉，大醉之后，既写出过"明月几时有，把酒问青天"这样天下传唱的妙词，也有《六月二十七日望湖楼醉书》那种水天一色的佳句，还常出现"东堂醉卧呼不起，啼鸟落花春寂寂"①，"溪堂醉卧呼不醒，落花如雪春风颠"② 之类的窘迫之状，这些都是闰之为伴时所经历的桩桩往事。当然，既是酒醉，就免不了做些荒唐事，请看他的名作《百步洪》之二：

> 佳人未肯回秋波，幼舆欲语防飞梭，
>
> 轻舟弄水买一笑，醉中荡桨肩相摩。

这诗虽然是写画家兼友人王巩的，其实也是苏轼自身生活的某种写照。苏轼是个多情的人，他的词更能体现其风流倜傥：

> 莫恨黄花未吐，且教红粉相扶。
>
> ——《西江月》

> 些儿恩爱，无限凄凉。
>
> 好事若无间阻，幽欢却是寻常。

---

① 《与梁左藏会饮傅博国家》，《苏轼诗集》卷十六。
② 《寄吴德仁兼简陈季常》，《苏轼诗集》卷二十五。

一般滋味，就中香美，除是偷尝。

——《雨中花慢》

云鬟风前绿卷，玉颜醉里红潮。
莫教空度可怜宵，月与佳人共僚。

——《西江月》

便乘兴、携将佳丽，深入芳菲里。……
看紧约罗裙，急趣檀板，霓裳入破惊鸿起。

——《哨遍·春词》

这些作品，或许是写给朝云的，更多的则是逢场作戏之词。作为"风流"太守的夫人，天下名士的妻子，闰之必须拥有视而不见、充耳不闻的功夫，才能保持内心的平静。平心而论，若是王弗还活着，苏轼未必会如此放纵，也正因性情宽厚的闰之做了他的继室，才有了更为"风流"的东坡。

说到这儿，不妨回头细看前面提到的那封言及"老媳妇"的信，那是写给好友陈季常的，详情如此这般：

稍不奉书，渴仰殊深。辱书，承起居佳胜。新居渐毕工，甚慰想望。数日得君字韵诗。茫然不知醉中拜书道何等语也。老媳妇云"一绝乞秀英君"，大为愧悚，真所谓醉时是醒时语也。蒙不深罪，甚幸。

——《与陈季常》

秀英全名柳秀英，是东坡十九年前在凤翔时就结识的侠士方山子（即陈季常，又名龙丘居士）的压寨夫人，也是闻名久远的"河东狮"。苏轼下面诗句，早为人们所津津乐道：

> 龙丘居士亦可怜，谈空说有夜不眠。
>
> 忽闻河东狮子吼，拄杖落手心茫然。
>
> ——《寄吴德仁兼简陈季常》

只因这诗，陈季常成了"惧内"之人，"河东狮"也成了所谓"刁蛮女性"的代名词，而柳秀英的真名，却早被人忘掉了。细细玩味上面那封信，不难看出，其实"河东狮子"柳秀英在东坡居士心目中，绝非面目可憎之形象，东坡原本写首绝句给陈季常，想要索取某物，谁知酒后吐真言，竟成了"乞秀英君"，而且还寄了出去。东坡酒醒后，"老媳妇"马上提醒他：你的言语好像有些非礼，弄不好要出岔子。东坡于是"大为愧悚"，连忙再写一信给季常，在表示道歉的同时，索性说成"所谓醉时是醒时语也"，坦荡诙谐，令人捧腹。

眼下时兴"换位思考"，试想一下，如果这信是陈季常写给东坡居士的，向他"乞朝云君"，又被柳秀英看到了，她将对季常如何处置？

闺之的宽容大度，远非一般女性可比。

这件事情结局是完美的，陈季常接信后，自然知道东坡是醉后之言，便让人馈赠东坡一方"揩巾"。

"揩"者，搵也；"揩巾"即掩面、揩拭、敷粉之物，从东坡豪放词的发扬光大者辛弃疾《永遇乐》词里的"倩何人，唤取红巾翠袖，搵英雄泪"即可看出，这是女性之物，当是柳秀英所用。

古代戏文中，常常出现这个"揩"字：

> 风声儿惹起，如何揩？
>
> ——元·乔吉《一枝花·私情》

> 她如今看看衣褪，渐渐裙挼。
>
> 春衫双袖，漫漫将泪揩。
>
> ——明·贾仲明《萧淑兰·第二折》

很显然，陈季常的意思是，我可没本事把秀英给你，就送你一条她的撑巾吧，让你这酒后胡言东坡老，知道掩面遮羞。

东坡居士接到此物，随即写下《谢陈季常惠一撑巾》诗，作为回应：

> 夫子胸中万斛宽，此巾何事小团团？
> 半升仅漉渊明酒，二寸才容子夏冠。
> 好带黄金双得胜，可怜白苎一生酸。
> 臂弓腰箭何时去，直上阴山取可汗！

在这首诗里，东坡将错就错，说要把那"撑巾"用来漉酒，他一面"撑"去自己的尴尬，一面盛赞季常胸怀极为宽广——若不是自己有错，值得为一方撑巾如此称颂对方吗？"此巾何事小团团"一句，是在反击季常：若你毫不介意，何必将此物弄成一个小团团儿？表明你依然"团团"在心。东坡力图将自己酒后所犯的过错，言笑麾却——季常若认死理，便会说，我才不愿撇下敬爱的夫人，去疆场厮杀呢，那样的话，你东坡居士就该整天酗酒了！

此等事项，无须渲染，便是一件极好的小说素材。

东坡外出游玩，闰之耐心候之；东坡生气动怒，闰之好言慰之；东坡邀人游赏，闰之斗酒馈之；东坡厕身欢场，闰之定心待之；东坡酒后胡言，闰之提而醒之。一个妇道人家应该做的，闰之都做得无可挑剔。更为难能可贵的是，当东坡在官场上遇到难题时，闰之还能帮他出谋划策，请看颍州签判赵德麟的另外一则记载：

> 元祐六年冬，汝阴久雪，人饥。一日天未明，东坡先生简召议事曰："某一夕不寐，念颍人之饥，欲出百余千造炊饼救之。老妻谓某曰：'子昨过陈，见傅钦之，言签判在陈，赈济有功，不问其赈济之法？'某遂相招。"令時面议曰："已备之矣。今细民之困，不过食与火耳。义仓之积谷数千石，便可支散，以救下民。作院有炭数万秤，酒务有柴数十万秤，依原价卖之，可济中

民。"先生曰:"吾事济矣。"遂草放积欠赈济奏。陈履常有诗,
先生次韵,有"可怜扰扰雪中人"之句,为是故也。由此观之,
先生善政,救民之饥,真得循吏之体矣。

——《侯鲭录》,宋·王宗稷《东坡先生年谱》引

傅钦之叫傅尧俞,当时任陈州(今河南淮阳)太守,赵德麟此前在他
手下做事。东坡来颍州上任,路过陈州时,傅尧俞曾向他介绍过赵德麟的
政绩。到了颍州后,东坡把这事忘了,遇到雪灾,便为百姓担忧,搞得彻
夜难眠。可闰之帮他清楚地记着呢,及时地提醒了丈夫。东坡的忧虑因此
得到消弭,颍州灾民也因此得到了救济,闰之之功,连赵德麟签判、陈履
常教授都深刻铭记。由此可见,东坡后来为官各地,经常请"老媳妇"一
同参与官场际会,此时的闰之,早从"村姑""农妇",提升到太守夫人应
有的水准。

今天颍州西湖墙壁上的这些图画,在向人们展示苏轼任太守时关心民生疾苦的事迹

关爱终世： 生不同归死同穴

　　如果说苏轼与王弗的情感，可用"清纯"二字概括，那么苏轼对闰之的关爱，用"醇厚"二字来形容比较适宜。苏轼不管年纪有多大，时常会像孩子那样天真烂漫；闰之似乎生来就稳重、宽厚，极有主见，尽管苏轼比她大一轮，可家庭中的主心骨却是闰之，她的臂肘像一个温馨的海湾，既可摒去外界的风浪，又能给"出没涛波"的弄潮儿带来安谧和温暖。所以，苏轼对"老妻"的那份信赖和倚重，已超越寻常的夫妻爱恋，升华为对母性的眷恋。

　　资料表明，苏轼对家中许多重大事情的决定，都要征求闰之意见。

　　元祐七年（1092）三月，东坡由颍州移知扬州，他的学生晁补之为扬州通判，以诗来迎。当时程颐又被朝廷起复，带着"洛党"对"蜀党"的偏见，开始搜寻苏轼和门徒的"大不敬"罪案，这对苏轼十分不利。面对激烈的党争，他再次萌生退休归田之念，到底是去常州定居，还是回老家眉山，一时拿不定主意。他在《次韵晁无咎学士相迎》诗里说：

　　　　且须还家与妇计，我本归路连西南。

　　当时东坡已在常州买下田地，由长子苏迈打理。而闰之还是想回老家眉山青神，返归故里。苏轼在诗中对自己的弟子说，这种大事必须征得师母同意，可见闰之在他心目中的地位。

　　这年秋天，苏轼又被召回朝廷，任兵部尚书、龙图阁学士兼侍读。次年八月一日，闰之在汴京染病去世。苏轼哀毁至极，写下《祭亡妻同安郡

君文》，他在铭文中悲诉道：

嗚呼！

昔通义君，没不待年。嗣为兄弟，莫如君贤。

妇职既修，母仪甚敦。三子如一，爱出于天。

从我南行，菽水欣然。汤沐两郡，喜不见颜。

我曰归哉，行返丘园。曾不少须，弃我而先！

孰迎我门，孰馈我田。已矣奈何，泪尽目干。

旅殡国门，我实少恩。惟有同穴，尚蹈此言。

嗚呼哀哉！

　　这里苏轼再次提到"我曰归哉，行返丘园"，显然他已采纳老妻意愿，无奈天不假年，闰之竟然先他而去。"谁在家门里等我归来？谁往田亩里给我送饭？一切都已无法兑现，我的泪水已经流干！"哭诉之后，依照旧例，东坡将老妻的灵柩寄放在国门之外的僧舍之内，并立誓说："将来惟有与你同穴而葬，才能履行一同归去的诺言！"

　　闰之一直喜诵佛经，临终时留下遗言，要将自己所用的首饰、器物变卖掉，让三个儿子请人画一张佛像，供奉在金陵清凉寺内。当年她随东坡离开黄州去常州寻求定居，路过金陵时，苏轼去见王安石，闰之曾到清凉寺烧香拜佛，并喜欢那个地方。绍圣元年（1094）六月九日，著名画家、东坡的好友李公麟画好了佛像，此时苏轼已经从定州被贬至岭南。父子数人专程绕道金陵，为闰之还了这个愿，并作《阿弥陀佛赞》，再次祭奠自己的亡妻。

金陵清凉古寺（在今南京市鼓楼区内），苏轼贬官岭南时专程绕道至此，为闰之还愿

也许苏辙的话，最能表达苏家几代人对闰之的评价。他在元祐八年（1093）十月写的《祭亡嫂王氏文》里，做出这样的称赞：

> 兄坐语言，收畀丛棘。窜逐郐城，无以自食。
> 赐环而来，岁未及期。飞集西垣，遂入北扉。
> 贫富戚忻，观者尽惊。嫂居其间，不改色声。
> 冠服肴蔬，率从其先。性固有之，非学而然。
>
> ——《苏辙集·栾城后集》卷二十一

苏轼无论时乖命蹇，贬居黄州，还是后来飞黄腾达，召入禁垣，面对如此地覆天翻的生活境遇，旁观者都觉得无法适应，闰之却不改声色，处之泰然。锦衣玉食，她不惊喜；牛衣耕织，从不埋怨。苏辙说，这种大度是与生俱来的天性，学问再多也是枉然！

在此后的漫长岁月里，东坡经常流露出对老妻的深深怀念。元祐八年（1093）十一月十一日，他在赴定州上任前，专为亡妻开设水陆道场，并作《释迦文佛颂》进行祭奠，到了定州，又在给好友的信中说：

老妻奄忽，今已半年，衰病岂复以此自缠。但晚景牢落，亦
人情之不免。

——《与钱济明》

宋哲宗绍圣二年（1095），东坡谪居惠州，与断绝关系长达四十二年
的表哥兼姐夫程正辅（之才）尽释前嫌。当时程之才后续的夫人也刚去
世，苏轼在给他的诗中说：

> 但恨参语贤，忽潜九原幽。
> 万里傥同归，两鳏当对𫗧。
> 强歌非真达，何必师庄周？
> ——《闻正辅表兄将至以诗迎之》

两个年过花甲的老者，全都成了鳏夫。东坡认为，庄周为了摆脱丧妻
之痛，在那里鼓盆而歌，并不是真正的超脱，我们不必学他。在这首诗
下，他特意加了一段注语：

> 轼丧妇已三年矣！正辅近有亡嫂之戚，故云。

可见他对闰之的追思之情，虽身处蛮荒困境仍深铭于心。闰之活着的
时候，不仅喜欢拜佛诵经，还经常买鱼放生。绍圣三年（1096）正月，又
值闰之生日，六十一岁的苏轼在惠州，与朝云一道买鱼放生，并写下《蝶
恋花·同安（君）生日放鱼，取金光明经救鱼事》。词曰：

> 泛泛东风初破五。
> 江柳微黄，万万千千缕。
> 佳气郁葱来绣户，
> 当年江上生奇女。

> 一盏寿觞谁与举?
> 三个明珠，膝上王文度。
> 放尽穷鳞看圉圉，
> 天公为下曼陀雨。

闰之生于闰正月，由此词可以见出，生日应在初五。青神濒临岷江，东坡用"当年江上生奇女"对亡妻加以赞誉。"三个明珠"，即苏迈、苏迨、苏过三个儿子，这是东坡《祭亡妻同安郡君文》中"三子如一，爱出于天"的复述。"王文度"乃晋人王述的宝贝儿子王坦之，《晋书·王述传》说：

> （王）述爱坦之，虽长大，犹抱置膝上……坦之，字文度。

"圉圉"是所放之鱼甚多、未能尽得水中欢游之意，《孟子·万章上》曾记载郑国的子产命人放鱼，"始舍之，圉圉焉，少则洋洋焉，攸然而逝"。赵岐注曰："圉圉，鱼在水羸劣之势貌。"东坡在"放尽穷鳞看圉圉"之时，希望天神能往池中注进大雨，同时也向闰之灵前置放吉祥的曼陀罗花。《金光明经》卷四《流水长者子品第十六》说，流水长者之子放水救鱼，天神曾将曼陀罗花下雨一般置积他的膝上。东坡的"天公为下曼陀雨"，一语双关，深深表达了自己对亡妻的思念和祝愿，闰之在天之灵倘若有知，定也会"泪飞顿作倾盆雨"吧。

宋哲宗元符三年（1100）正月十五，六十五岁的东坡先生复被贬到天涯海角的儋州，在那里，他写下《追和戊寅岁上元》一诗，再次使用"牛衣对泣"的典故，表达对闰之的怀念。他在诗后的《跋》语中说：

> 又复悼怀同安君，末章故复有"牛衣"之句，悲君亡而喜予存也。

由此可以看出，东坡先生对"老妻"的怀念，与其生命相始终。说他

河南郏县三苏坟中的苏轼坟墓。苏轼终于实现了与
闰之"生不同归死同穴"的愿望

写给闰之的诗词文章"仅一二篇"而已，真乃《庄子·逍遥游》所谓
"朝菌不知晦朔，蟪蛄不知春秋"。

公元1100年，宋徽宗即位，东坡遇赦北归，不久病逝于常州，弥留之
际，他给弟弟留下的遗言是：将我与你嫂嫂一起，埋在嵩山脚下，那里很
像家乡的峨眉山……很显然，东坡直到垂危，都没忘记闰之的遗愿。

宋徽宗崇宁元年（1102）四月，东坡的三位儿子护送父亲灵柩，经
淮、汴至汝州。苏迈中途前往京师，将继母闰之灵柩从汴京城西的惠济院
迁至颖昌。四月二十三日，苏辙与他的夫人史氏联名，再写一篇祭文，在
告慰兄长之前，先抚慰老嫂亡灵。仅将这篇哀词略加删削，作为本章的
结束：

呜呼！

天祸我家，兄归自南，没于毗陵。

诸孤护丧，行于淮汴，望之拊膺。

自嫂之亡，旅殡西圻，九年于今。

兄殁有命，葬我嵩少，土厚水深。

道出颍川，家寓于兹，迎哭伤心。

茔兆东南，精舍在焉，有佛与僧。

往寓其堂，以须兄至，归于丘林。

虽非故乡，亲族不遐，勿畏勿惊。

呜呼尚飨！①

---

① 原文见《苏辙集·栾城后集》卷二十一。

佳人篇

在风流倜傥的苏轼身边
时刻都有女性陪伴
献花献技甚至献身
他怜香惜玉　自称风流帅
其实爱女人　本是他天性

风流之帅：花枝缺处留名字

别酒劝君君一醉。

清润潘郎，又是何郎婿。

记取钗头新利市，莫将分付东邻子。

回首长安佳丽地。

三十年前，我是风流帅。

为向青楼寻旧事，花枝缺处留名字。

这首词寄调《蝶恋花》，题为"送潘大临"，早在苏轼去世后的第三年（1104），就被张宾老编入东坡词集，后来被曾慥收入《东坡乐府拾遗》。宋人吴曾在《能改斋漫录》卷十六也载此词，题为"东坡送潘邠老赴省词"，并说：

右《蝶恋花》词，东坡在黄时，送潘邠老赴省试作也。

在这首《蝶恋花》里，只因苏轼自诩"风流帅"，又直言曾在"青楼""留名"，曾受人们质疑。后来宋翔凤在《乐府余论》中抨击道：

其词恣亵，何减耆卿？是东坡偶作，以付妓席。

耆卿是柳永之字，此词确实与柳永游冶青楼之词有近似之处。请看柳

永《黄莺儿》中的词句：

> 乍出暖烟来，又趁游蜂去。
>
> 恣狂踪迹，两两相呼。
>
> 终朝雾、吟风舞。
>
> 当上苑柳秾时，别馆花深处。

正因为此，许多人认为这首《蝶恋花》不是苏轼所作，如曹树铭校编的《东坡词》，就将它列为"误入词"。自宋以来，大凡喜爱东坡的人，经常因此对东坡加以环护，最典型的例子，莫如曾在颍州做东坡属僚的赵令畤。他在《侯鲭录》卷一说：

> 东坡在徐州，送郑彦能还都下，问其所游，因作词云："十五年前，我是风流帅"，"花枝缺处留名字"，记坐中人语，尝题于壁。后秦少游薄游京师，见此词，遂和之，其中有"我曾从事风流府"，公阅而笑之。

赵令畤一心一意"为贤者讳"，可谓用心良苦。首先，为了年代相符，他先将词中"三十年"改为"十五年"，这样一改，不仅接近苏轼在徐州和汴京的履历，也使这种风流韵事能顺利地往郑彦能身上转移（详见下）。其次，他用"记坐中人语"，将苏轼与这段"恣褎"之词拉大了距离，更加委婉地维护了苏轼的形象。近年中华书局出版《中国古典文学基本丛书》，其中河南大学邹同庆、王宗堂二教授合编的《苏轼词编年校注》，便采用这一说法，并予以进一步扩展：

> 赵令畤说此词是苏轼在徐州送郑彦能还都下作。"十五年前，我是风流帅"云云，乃"记坐中人语"，是郑彦能的话，则是合情的。彦能名仅，徐州彭城人，庆历七年（一○七四年）第进士，为大名府司户参军……考《苏轼诗集》卷一六《送郑户曹》：

"荡荡清河堧，黄楼我所开。……楼成君已去，人事固多乖。"
……黄楼建成于元丰元年八月十一日，郑彦能离徐当在八月。同
年，苏轼《中秋月寄子由三首》其三："郑子向河朔，孤舟连夜
行。"自注："郑仅赴北京户曹。"北京即大名府，则彦能离徐赴
大名在中秋节前。诗与本词，情事切合。①

邹、王二教授在以上考证中，尽力为赵令畤圆其所说，也带有为东坡
竭力开脱之善意，可他们先是忘了一个最基本的事实，就是苏轼此词所赠
之人是去汴京，所以下阕开篇才会有"回首长安佳丽地"。这里首先露出
一个破绽：北京大名府（今河北大名县附近）在徐州之北，而汴京在徐州
正西，三地恰成鼎足之势，郑彦能受命"孤舟连夜行"，为何要绕道汴京，
走个大大的"之"字？其次是上任的路线不符，宋代从徐州赴汴京，必须
先乘车马南下，绕道百里开外的宿州符离集（苏轼上任、离任皆历此途），
郑彦能的"孤舟连夜行"，却是沿着徐州城边的清河北向而去。邹、王二
教授"从善如流"，特意沿用赵氏之说，将词中的"三十年"也改成"十
五年"，因为他们知道，从元丰元年（1078）上溯到十五年前，便是嘉祐
八年（1063），那时苏轼根本不在汴京，当然这首词的作者就只能是郑彦
能了。可他们忘了，赵令畤既说苏轼作词时"记坐中人语，尝题于壁"，
那就该题在徐州的墙壁上啊，可为什么后来秦少游"薄游京师"，却能
"见此词，遂和之"？难道郑彦能此番专程赴京，就是为了刻写此词，以供
将来秦少游见而和之？

为了将"花枝缺处留名字"等事坐实了，邹、王二教授又在"十五年
前，我是风流帅"句下注释道：

彦能庆历七年生，至今元丰元年为三十一岁，上推十五年为
十六岁，恰似潘岳少时游洛阳受女子青睐，有掷果盈车之风流。

---

① 邹同庆、王宗堂：《苏轼词编年校注》，北京：中华书局2002年版，第239页。引文中
"庆历七年（一〇七四年）第进士"，应为"熙宁七年（1074）"之误，其下文即云"彦能庆历七
年生"。

这句话更牵强了。"风流帅"之韵事，十五年前，年近而立的苏轼尚做不得，为何非要年仅十六、未及弱冠的郑彦能去"大有作为"？若郑彦能果如所言，既能在少年时纵情青楼，又能同时如愿考上进士，真可谓风月与金榜兼而得，应有更多的风流韵事、情词绮语流传于世才对，为何只此一语受人称道呢？

无须避讳，《能改斋漫录》所载，更接近事实。

潘邠老名为潘大临，是黄州的一名举子。苏轼元丰三年（1080）二月抵黄州贬所，与潘大临父亲潘鲠、叔叔潘丙等交往颇多，潘大临经常到东坡、雪堂等地拜会老前辈，因此成了忘年交。宋代礼部大试都在初春进行，举子们如果没有本路进士（也称乡贡进士或乡进士），就必须先于前一年秋天参加开封府的"解试"，取得"解元"资格后，才有参加"春闱"的资格。苏轼与苏辙兄弟两个，当年走的就是这条道路。详考神宗元丰年间，一共举行过三次礼部大试，分别在元丰二年、五年和八年，即每隔三年举行一次。苏轼元丰二年二月一日抵达黄州，此时举子们正在开封应试呢，因此他送潘大临进京赶考，只能在元丰五年和八年这两次。而元丰五年春天苏轼在东坡建造雪堂，潘大临曾亲临其境，与他进行论辩，苏轼的《雪堂问潘邠老》就是这次辩论的记录，由此说明，他没有参加那年的春闱。而苏轼又于元丰七年（1084）四月离开黄州，因此送潘大临赴京"赶考"，只能在元丰七年正月，潘邠老过了春节，便准备先去开封参加"秋闱"，希望能在元丰八年蟾宫折桂，正是践行大苏、小苏先生的履迹。"记取钗头新利市"一语，表明此词确实作于新春佳节之后，潘大临在离黄赴京之前，曾经得到女士的馈赠。

因此，这首《蝶恋花》作于元丰七年正月，毋庸置疑。

"清润潘郎，又是何郎婿"，这两句话正是指称潘大临。在古人诗词中，"潘郎"指晋代美男子潘岳，"何郎"则是魏明帝所青睐的"美姿仪、面至白"的何晏①，但将二人作为翁婿，东坡应算首次。

详考潘大临家世，方知东坡此词，可谓一举多得。先看多年后张耒应

---

① 见刘义庆所撰《世说新语》下《容止》。

潘大临之请，为其父潘鲠所作的墓志铭：

> 君讳鲠，字昌言……登元丰己未进士第。……娶何氏，有贤
> 行，男二人，长大临，次大观，皆力学有文……四孙，其一男
> 也，曰憨。
>
> ——《张耒集》卷六十《潘奉议墓志铭》

据此墓志可知，潘大临母亲姓何，潘鲠即是何家女婿。苏轼词中的"清润潘郎，又是何郎婿"，分明是说潘大临"又"是何家女婿，潘、何两家亲上加亲，儿子再娶何家女子，就像苏轼的姐姐八娘被父母嫁给表哥程之才、王安石也受命迎娶自己的表妹一样，宋代人结亲"重母党"。大都喜欢这种模式。

关于这一点，我们从张耒与潘大临的交往中可以发现更多信息。宋徽宗崇宁元年（1102）七月，张耒因闻恩师苏轼去世，"饭僧缟素而哭"，被从颍州太守任上废黜，也被编管在黄州。① 那时苏轼所经营的东坡，已成潘大临的寄生之地，张耒在黄州，有《四月一日同潘、何小酌》等诗，其中的"潘"便是潘大临，"何"当为潘氏亲戚，极有可能就是与潘大临一同被列入《江西诗社宗派图》的何斯举。② 上面引文中特别提及潘鲠唯一的孙子"潘憨"，就是潘大临的儿子，这个"憨"字，应为"潘郎又是何郎婿"的另一个注脚。③

说到这儿，就要触及问题的关键，东坡《蝶恋花》词中的"回首长安佳丽地。三十年前，我是风流帅。为向青楼寻旧事，花枝缺处留名字"，正是在酒宴上对潘大临"戏说"自己的往事，并以此祝愿潘大临能够金榜题名、蟾宫折桂。

苏轼与弟弟苏辙嘉祐元年（1056）从眉山进京，秋天参加开封府解试，名列第二；次年参加礼部春闱，因欧阳修担心苏轼的试卷是其门人曾

---

① 见《张文潜先生年谱》，《张耒集》附录一，北京：中华书局2000年版。
② 郑永晓：《黄庭坚年谱新编》，北京：中国社会科学出版社1997年版，第446页。
③ 参见张耒《潘大临文集序》，《张耒集》卷四十八。

巩所为，抑为第二；复试为春秋对义，苏轼名列第一，主考官欧阳修在致随员梅尧臣的信中说："读苏轼书，不觉汗出，快哉，快哉！老夫当避此人，放他出一头之地，可喜，可喜！"① 从此天下"文风为变，苏氏文章，遂称于时"②。苏轼以"风流帅"自称，可谓名副其实。从嘉祐元年（1056）到元丰七年（1084），首尾相加为二十九年，加上他预祝潘大临在明年中进士，那么前后时间，恰好符合"三十年"之数。

当然，东坡先生也有在晚辈面前稍卖老成之意。

接下来的"青楼旧事"，便顺理成章了。唐宋进士及第，不仅皇帝会赐宴琼林，大加犒赏，进士们更是十年寒窗，一举成名，于是成群结队，携妓宴游，彻底放松一回。请看几则记载：

> 自大中皇帝好儒术，特重科举。故其爱婿郑詹事再掌春闱，上往往微服长安中，逢举子则狎而与之语。时以所闻，质于内庭，学士及都尉皆瞠然莫知所自。故进士自此尤盛，旷古无俦……由是仆马豪华，宴游崇侈，以同年俊彦少者为两街探花使，鼓扇轻浮，仍岁滋甚。自岁初等第于甲乙，春闱开送天官氏，设春闱宴，然后离居矣。近年延至仲夏，京中饮妓，籍属教坊，凡朝士宴聚，须假诸曹署行牒，然后能致于他处。惟新进士设筵顾吏，故便可行牒。追其所赠之资，则倍于常数。诸妓皆居平康里，举子、新及第进士，三司幕府但未通朝籍、未直馆殿者，咸可就诣。如不吝所费，则下车水陆备矣。其中诸妓，多能谈吐，颇有知书言话者。自公卿以降，皆以表德呼之。其分别品流，衡尺人物，应对非次，良不可及……
>
> ——唐·孙棨《北里志·序》

何扶，太和九年及第；明年，捷三篇，因以一绝寄旧同年

---

① 《欧阳文忠公文集·书简》卷六《与梅圣俞》。
② 孔凡礼：《三苏年谱》，北京：北京出版社 2004 年版，第 225 页。

曰："金榜题名墨上新，今年依旧去年春。花间每被红妆问：何
事重来只一人？"

——五代·王保定《唐摭言》卷三

平康里乃诸妓所居之地也。自城北门而入，东回三曲。妓中
最胜者，多在南曲。其曲中居处皆堂宇宽静，各有三四厅事，前
后多植花卉，或有怪石盆池，左经右史，小室垂帘，茵榻帷幌之
类。凡举子及新进士、三司幕府，但未通朝籍，未直馆殿者，咸
可就游，不吝所费，则下车，水陆备矣。其中诸妓多能文词，善
谈吐，亦平衡人物，应对有度。及膏粱子弟来游者，仆马繁盛，
宴游崇侈，以同年俊少者为两街探花使，有登甲乙第者关送天官
氏，设春闹（天官氏，礼部侍郎）。近年多延至中夏，新贵眷恋
狂游稍久。京中妓籍属教坊，凡朝士有宴聚，须假诸曹署行牒，
然后致于他处。唯新进士设团，雇吏便可牒取，取其所辟之资，
则可倍于常价。

——宋·罗烨《醉翁谈录》卷七《平康巷陌记》

进士及第后，例期集二月，其酿罚钱，奏宴局什物皆请同年
分掌，又选最年少者二人为探花，使赋诗，世谓之探花郎，自唐
以来榜榜有之。

——宋·魏泰《东轩笔录》卷六

可见宋代与唐朝一样，朝廷允许新科进士及第者不受清规戒律之限。
从金榜题名到委任官职那段时间，对新科进士来说，平康巷红灯皆变绿
灯，从春到夏，莺伴燕随，侈宴不绝。苏轼后来在给弟弟的诗中，也有这
样的回忆：

当年踏月走东风，坐看春闹锁醉翁。

——《和子由除夜省宿致斋三首》其三

说到此处，不难明白，苏轼《蝶恋花》词中的"为向青楼寻旧事，花枝缺处留名字"，既是一种调笑戏语，也是对当年"春风得意马蹄疾，一日看尽长安花"情景的回忆，同时又在调侃潘大临：你中了进士之后，不要忘记探寻老前辈在青楼妓馆的风流遗迹。

其实这两句诗，并非东坡独创，他在化用白居易的诗意：

> 花枝缺处青楼开，艳歌一曲酒一杯。
> 美人劝我急行乐，自古朱颜不再来，
> 君不见外州客，长安道，来一回，老一回。
> ——《乐府诗集》卷二十三《横吹曲辞·长安道》

至于"花枝缺处留名字"，还在表明宋代酒宴的另一种风气。当时稍有规模的酒店也称"酒库"，青楼歌妓被邀请外出侑宴，称作"下番"，不过那时妓女不仅身份公开，而且人人都将"芳名"写在"花牌"之上，某妓被某某官人或某某进士请出，花牌空处，便要写上"使钱者"的名字，此举称作"点花牌"。宋元笔记史料及文人作品，对此也有大量记述：

> 其诸库皆有官名角妓，就库设法卖酒，此郡风流才子，欲买一笑，则径往库内点花牌，惟意所择，但恐酒家人隐庇推托，须是亲识妓面，及以微利唆之可也。
> ——宋·吴自牧《梦粱录》卷十《点检所酒库》

> （酒楼）设官妓数十人，各有金银酒器千两，以供饮客之用。每库有祗直者数人，名曰"下番"。饮客登楼，则以名牌点唤侑樽，谓之"点花牌"。元夕诸妓皆并番互移他库。夜卖各戴杏花冠儿，危坐花架。然名娼皆深藏邃阁，未易招呼……
> ——宋·周密《武林旧事》卷六《酒楼》

> 皓齿明眸，粉面油头。点花牌，行酒令，递诗筹。词林艺

苑，舞态歌喉。共鸳朋，谐凤友，效鸾俦。既无忧，又无愁，蟾
光长愿照金瓯。天上姮娥人世有，也胜庾亮在南楼。

——元·钟嗣成《月》，载《全元散曲》

　　显而易见，苏轼在中进士后，曾经点过"花牌"，也在青楼"留名"
过。风流才子进出妓馆酒肆，花牌缺处留下大名，这在宋代乃司空见惯之
事，像苏轼这样的"风流帅"，曾在哪间青楼留下名字，说不定真会被店
主珍藏起来，既可招徕生意，又能大增其值，当然这是说笑之辞。其实大
家稍作回忆，便会明白，在苏轼之前，唐人杜牧曾自诩"十年一觉扬州
梦，赢得青楼薄幸名"（《遣怀》）；在苏轼同时，晏几道大唱"青楼占得
声名恶"（《醉落魄》），也没遭到多少非议；在苏轼身后，元人李茂之更
以"春满皇州，名遍青楼，二十年前旖旎风流"（《双调·行香子·寄
情》）向世人炫耀；就连苏轼的恩师欧阳修，都十分坦诚地"追想少年，
何处青楼贪欢乐"（《看花回》）；依此推论，别说当年苏轼不过是请歌妓
出来侑酒，即便老苏先生在儿子连中数元之后，允许他们放纵一回，又有
什么过分？如果我们都像道学家一样，板起面孔，对这种事情讳莫如深，
或者费尽周折为其开脱，非要让他"不食"那个时候的"人间烟火"，岂
不是有点可笑？赵令畤比苏轼小二十五岁，苏轼中进士时尚未出世，他以
为"风流帅"及"青楼"等字有损东坡先生盛名，秦观的"从事风流府"
又过于碍眼，于是不加详考，便将郑彦能拉出来垫背，这种善意固然值得
赞许，但若以讹传讹，混淆事情真相，那对苏轼后来所写的艳词，我们就
无法再论，只能追随伪善者，说是"仇人无名子所为"（《吴礼部诗话》
即以此语看待欧阳修词中的"鄙亵之语"）了。

　　最后，需要特别说明，苏轼之所以写这样的"风流"词送潘大临，原
因还在于那潘秀才既贫穷又迂阔，鼓励这种后学考进士，必须让其彻底放
松，才能有所斩获。关于潘氏的穷、迂，当时或稍后的人都有记载：

　　予友潘大临，字邠老……崇宁中，予以罪谪黄州，与邠老为
邻。邠老少学为人，则己不能合其乡人，众不悦之。

——张耒《潘大临文集序》

黄州潘大临工诗，多佳句，然贫甚。东坡、山谷尤喜之。临川谢无逸以书问有新作否？潘答书曰："秋来景物，件件是佳句。恨为俗气所蔽翳。昨日清卧，闻搅林风雨声，欣然起，题其壁曰：'满城风雨近重阳。'忽催租人至，遂败意。止此一句奉寄。"闻者笑其迂阔。

——彭乘《墨客挥犀》

潘大临，字邠老，有《登汉阳江楼诗》曰："雨屐上层楼，一目略千里。"说者以为：着屐岂可登楼？又尝赋《潘庭芝清逸楼诗》，有云："归来陶隐居，挂颊西山云。"或谓既已休官，安得手板而挂之也？洪氏倦壳轩，邠老作诗云："封胡羯末谢，龟驹玉鸿洪，千载望四谢，四洪天坏同。"谓龟父、驹父、玉父、鸿父也，时人以为"急口令"。

——王直方《诗话》

癸未三月三日，徐师川、胡少汲、谢夷季、林子仁、潘邠老、吴君裕、饶次守、杨信祖、吴迪吉见过，会饮於赋归堂，亦可为一时之盛。潘作一诗，历数其人云云。徐师川辈皆言此诗殊不工，又六字无人曾如此作。想为五言亦可，遂去一字，句皆可读。至"老夫附石崇"，坐客无不大笑。

——阮阅《诗话总龟》

上面几个例子，都堪编入《笑林》。除了这些，东坡居士也有一首绝句，叫作《刘监仓家煎米粉作饼子，余云"为甚酥"；潘邠老家造迢巡酒，余饮之云："莫作醋错著水来否？"后数日，余携家饮郊外，因作小诗，戏刘公求之》，潘大临造酒居然造成了稀薄的酸醋，持家本事之拙，真让人哭笑不得。

这种既不懂得生活，又不会处理人际关系的人，苏轼屡屡折节与交，已见其宅心仁厚；正因潘大临既拙又迂，他才在《蝶恋花》词中开玩笑似地嘱咐："记取钗头新利市，莫将分付东邻子。"女士们春节期间给的"利市"，如金钗一类信物，若是分送给邻家好色的"登徒子"，那后果就更不言而喻了。

遗憾的是潘大临始终没能考上进士，否则，苏轼这首自称"风流帅"的词，当会流播得更为广远。

江南女性： 佣儿贩妇皆冰玉

吴侬生长湖山曲，呼吸湖光饮山绿。

不论世外隐君子，佣儿贩妇皆冰玉。

——《书林逋诗后》

这几句诗，是苏轼元丰七年（1084）离开黄州、上表请求在常州定居并得到恩准后，在一次品赏西湖名士林逋墨迹时写下的。"吴侬"是对苏、杭、常、秀一带人的统称，"佣儿"泛指那些从事佣工的少女，但将它与"贩妇"连缀起来，意思便是着重赞美苏杭一带的女性。连打零工、做小买卖的女人都像冰玉一样清纯可人，略通文墨、能歌善舞的女性自不待言。从烟波浩渺的太湖，到玲珑秀雅的西湖，江南女子们长期呼吸着湿润的空气，啜饮着洁净的湖水，天天沐浴在湖光山色之中，氤氲的气息滋润着她们的身心：肤色洁白如玉，滑如凝脂，焕发着丝绸般质感和光泽；心似冰一般透明，又像水晶那样冷艳；开口羞涩无比，软语倍加柔媚；体态轻盈如燕，步履婀娜多姿……"佣儿贩妇皆冰玉"，佳丽名姝更国色——这就是苏东坡多年辗转于苏、杭、常、秀之后，对吴地女性的切肤感受和由衷赞誉。

苏轼第一次到杭州是熙宁四年（1071）十一月底，那时他因与王安石政见不合，屡受陷害和排挤，自求离京外任，神宗皇帝几经考量，亲笔作出御批，著他做杭州通判（也称通守）。杭州在宋时为大都督州，朝廷在两浙的转运司、提刑司等派出机构都设在这里，通判虽是太守之下的第二把手，却比小州首长更受他人看重。

　　当年苏轼一到杭州，便受到审理囚犯、开挖盐河、监督农田水利等以变法为中心的政务活动的困扰，烦劳之余，稍有机会，他就溜到湖山之间，寻求解脱。江南的山山水水激发了他的诗思妙悟，自从过了大江，见到金山寺，他的诗歌就如决堤江水，汩汩滔滔。此前他在京城，两年半的时间，总共才写了十来首诗，也就是说，两个月都憋不出一篇文字，写了也是为了送别、应酬。而在以杭州为中心的江南，他在前后不足三年的时间里，[①] 仅诗和词就写了近四百首，平均两天多一点就有一篇新作问世。他在初游金山寺时，看到江中汹涌波涛和被巨浪吞噬着的巨石，心中立即泛起对家乡的思念，当时曾有这样誓语：

　　　　江山如此不归山，江神见怪警我顽。
　　　　我谢江神岂得已，有田不归如江水！

　　　　　　　　　　　　　　——《游金山寺》

镇江金山寺

---

　　① 本节论述范围与一般年谱与评传不同：从苏轼熙宁四年（1071）十一月初三过江游金山寺算起，至熙宁七年（1074）十月中旬离开润州、赴密州太守任为止。

可到了杭州不到一年，便被那里的山水和人物所俘获，变得乐不思蜀，他在《六月二十五日望湖楼醉书》说得十分直白：

> 我本无家更安往？故乡无此好湖山！

湖山秀美固然悦人眼目，可最让人心慕神驰的，还是生活在湖山之中的人，尤其是那些与名利场相去甚远的普通女性。苏轼到杭州后，第一个出现在他诗篇里的女性便是在西湖中的"献花游女"：

> 献花游女木兰桡，细雨斜风湿翠翘。
>
> 无限芳洲生杜若，吴儿不识楚辞招。

你看这些乘着花船、穿梭于湖面、殷勤召唤客人的"游女"，头饰上带着湖水凝就的露珠，操着吴侬软语，佩着杜若芳草，盛夏之际，殷勤地向通守献上刚刚采到的新鲜花朵，这便让苏轼感激得无以言表，他真想开口赋诗，却又担心语音不同、语境各异，吟出屈原那样的艰涩《楚辞》，会吓跑眼前这位佳丽。

苏轼十分喜欢吴越女子"冰玉"般的清纯，而不欣赏女性身上过多的雕饰，即便称颂西子时而"浓妆"，也不过"山色空濛"而已。接下来从他笔下涌出的女性形象，无不天真烂漫、清新脱俗。

熙宁六年（1073）初夏，苏轼曾往杭州西部的于潜县（地处今临安与昌化二县之间）去"观政"（检视各县政绩，体察风土民情）。在通往天目山的路上，他见到额发上拢着一尺多长的大银梳子（当时俗称"蓬沓"）的"溪女"，也就是那个年代的浣纱女。苏轼当时并没留意这些山村姑娘的容貌之美，只被她们无拘无束的笑声所吸引，她们的笑是那样畅快淋漓，以致头上的银饰滑落下去，也毫不在意。"溪女笑时银栉低"，这是她们给苏轼留下的最初记忆。后来他看到溪女们与山间野老（樵夫、山翁）互相嬉戏，没有任何顾忌，便立刻用此情此景来观照自己，认为在官场上终日矫揉造作，无疑是浪费生命，与这些溪女不可同日而语：

> 不如野翁来往溪山间，上友麋鹿下凫鹥……
> 翁言此间亦有乐，非丝非竹非蛾眉。
>
> ——《于潜令刁同年野翁亭》

"非丝非竹非蛾眉"一句，表达了山溪女子虽不能弹奏丝竹、不会化妆打扮，但她们身上那麋鹿般自由自在、鸥鹭（鹥）似的毫无矫饰，却显现出宫廷贵妇、城市淑女所难以比拟的纯净之美。于是他在此行中反复观察，最后精心刻画出一个浙西村姑的形象：

> 青裙缟袂于潜女，两足如霜不穿屦。
> 觜沙鬓发丝穿柠，蓬沓障前走风雨。
> 老濞宫妆传父祖，至今遗民悲故主。
> 苕溪杨柳初飞絮，照溪画眉渡溪去。
> 逢郎樵归相媚妩，不信姬姜有齐鲁。
>
> ——《于潜女》

土法织染的青裙，细白如初的生绢（缟），素朴的衣着下露出不着袜子的双脚，却像霜雪一样洁白。初夏时分谈及"霜"色，让人不禁再度想到"冰玉"般的丽质。随便挽起的鸟尾巴式的发束，上面插着织布梭子似的竹簪子，与前额上的银梳"蓬沓"相互映衬，显得十分质朴、美丽。经过打听才知道，这种奇特的装束是从春秋时期被百姓叫作"老濞子"的吴王时传下来的，祖祖辈辈都没改变。这些溪女们在杨柳飞絮中穿梭往来，时不时拿清澈的溪水当作镜子，细细端详一番，路上遇到樵夫砍柴归来，免不了上前展露一下风姿，娱人悦己。她们分明还生活在远古的吴越时代，心中根本就没有什么齐、鲁的繁盛，姬、姜等贵妇！

苏轼自幼学道，喜欢山林，"渔樵于江渚之上，侣鱼虾而友麋鹿"（《赤壁赋》），是他最大的快乐。他的一生，始终植根于这种带着泥土芳香、山溪纯净的氛围里，缺少这种氛围时，他便用诗词去打造，无论如何，女性都是不可或缺的天然"冰玉"。在这类或是摹写自然，或是刻意

营造的氛围里，我们既能发现他对布衣缟裙、不通文墨的"老妻"终生挚爱的因由，也能理解后来他为什么会找个"冰肌玉骨"的吴越女子朝云，作为私生活和性情方面的补充。

杭湖佳人： 清丽如月赛西子

出外"观政"的时间毕竟很短，苏轼要把大量的时间放在审案、问囚上，为此他常常慨叹："追胥连保罪及孥，百日愁叹一日娱。"（《李杞寺丞见和前篇，复用无韵答之》），喜爱友朋相聚的苏轼，只要有人把他唤出通判厅，到城外观赏游乐，他的感激之情就会溢于言表："君不见钱塘游宦客，朝推囚，暮决狱，不因人唤何时休？"而西湖风光又最养眼，"湖上四时看不足，惟有人生飘若浮"（《和蔡准郎中见邀游西湖》），为了在湖上玩得尽兴，他偶尔在湖上过夜，充分享受着湖上的朝朝暮暮。

在苏轼之前，柳永的《望海潮》是赞颂杭州美景最为著名的词作，其中"重湖叠巘清嘉，有三秋桂子，十里荷花。羌管弄晴，菱歌泛夜，嬉嬉钓叟莲娃"几句，便是吟咏湖上风光和湖船佳人的。前面所说苏诗中最先出现的"献花游女"，便是"菱歌泛夜"之"莲娃"的代称。宋时西湖上歌妓特别多，她们坐上花船，一面陪客游览，一面给他们讲述有关西湖的逸闻趣事，时不时唱些柳永、张先所写的情歌艳词，一旦游人被唱得心旌摇动，更大的"生意"就来了。像苏轼这样闻名天下的诗人和才子，湖上的女子们都以能得到他的诗词为荣耀，于是献花、献艺，甚至献身……可以想象，通判大人只要一到湖边，顿时便被莺莺燕燕、花团锦簇所围裹。

苏轼第一次夜宿湖上，是熙宁五年夏秋之际的一个月初，准确地说，是初五、初六的夜晚。他有七首诗记述这次夜泛西湖并住在湖上的经历，其中一首说：

> 多君贵公子，爱山如爱色。
>
> 心随叶舟去，梦绕千山碧。
>
> ——《自径山回，得吕察推诗，用其韵招之，宿湖上》

"察推"就是"监察推官"——朝廷派驻州郡负责监察的官员。吕察推名叫吕仲甫，是宋代著名宰相吕蒙正的孙子。吕蒙正未中举时家境极贫，曾在破窑寄居，元代杂剧家王实甫曾有《吕蒙正风雪破窑记》，专门演绎他的故事。而他金榜题名并当上宰相后，妻妾成群，极为奢华，每天早上都要喝用鸡舌头所煲的汤①，他的子孙习性豪侈，也就无须多言。苏轼在这儿说吕察推"爱山如爱色"，显然"爱色"是他的本性，"爱山"只是在"好色"本性上遮一层帘幔而已。"叶舟"便是"莲舟"，从诗的内容来看，这天晚上他们乘着歌妓之船漫游湖中，是不争的事实。接着苏轼写道：

> 归来不入府，却走湖上宅。
>
> 宠辱我久忘，宁畏长官诘？

将这几句结合诗题，便可看出，苏轼自径山办事回来，得到吕仲甫的赠诗后，兴致大起，既没回府向太守报道，也没回家归宿，而是与吕公子月夜游湖，连次日会受到颇为严厉的老太守沈立诘问，都被他放在脑后。

这一夜，他们两个住在望湖楼上，苏轼有《宿望湖楼·再和》诗：

> 新月如佳人，出海初弄色。
>
> 娟娟到湖上，潋潋摇空碧。

这四句乍看上去，似是咏月之辞，稍加推敲，便会发现许多问题：身边若无佳丽，怎会想到用"佳人"喻"新月"？"出海初弄色"与"娟娟

---

① 《坚瓠集》，参见《宋人佚事汇编》第148－151页。

到湖上"，与其说是写月，不如说写月下佳人更为贴切。是啊，有佳人做伴，"潋潋"湖光才更让人心旷神怡。

接着他的诗句就更耐人寻味：

> 新月生魄迹未安，才破五六渐盘桓。
> 今夜吐艳如半璧，游人得向三更看。
> ——《夜泛西湖五绝》之一

> 菰蒲无边水茫茫，荷花夜开风露香。
> ——《夜泛西湖五绝》之四

这些诗句的隐喻之迹非常明显，"新月"之"未安"，实为人的履迹和心情不安的映衬，月之"盘桓"，是游历者心境惶恫的折射。常识告诉我们，初五、初六的新月，不到二更便已沉下西山，如何在湖上继续"吐艳"？而"半璧"实为"破璧"之隐语，这两个所谓"游人"三更时候还要看"半璧吐艳"，意在何为，不言自明；而"荷花夜开风露香"，更是一种只可意会、不宜言传的隐语，好在苏轼是在应邀陪同朝廷监察要员同宿湖上，享受如月佳人的荷开夜香，也许并不算过于出格的事。

苏轼与吕仲甫都不是道学家，携妓夜游，宿于湖上，对当时文人来说是司空见惯的事情，这里无须多讲。值得留意的是"佳人"与新月的隐喻，这表明在苏轼的内心深处，自从初见"献花游女"之后，西湖便与美女纠缠到了一起，每当身边出现佳人，他便会想到月中仙女、传说中的美女……西湖与美女这两个意象占据着他脑海中的大部分空间，一个更为绝妙的比喻，在月夜流连中悄然孕育，在软玉温香中暗结珠胎……

在谈到苏轼如何领略西湖美景、如何品赏西湖佳丽的同时，必须说一下杭州西湖的官妓。

宋代所谓"官妓"，系从军营中伴将军校尉们饮酒取乐的"营妓"转化而来，因此承平时期也称"营妓"。宋朝规定，像杭州这样繁华的州郡，官方都可蓄置"营妓"若干，以备太守、通判接待过往官员时，劝酒侑

宴，甚至陪异地官员夜宿。在战争年代，"营妓"多从被俘虏的敌方妻女中选出，后来则由犯了重罪被籍没抄家的仕宦人家女眷充当，如果人数不够，就从当地私家妓院里遴选——所谓"遴选"，即要求这些官妓必须具备以下条件：有姿色、善应对、能歌舞，甚至要识文断字，拿到新填写的歌词，立即就能按谱演唱，而且唱得对方笑逐颜开——按现在说法，就是既要多才多艺，又能博得对方欢心。

杭州作为两浙首府和"东南形胜、三吴都会"，所拥的官妓数量在全国都是首屈一指的。在苏轼任通判的日子里，从他和朋友的诗文里，以及当时笔记史料的记载中，我们发现至少有五六个有名的官妓（或私妓），经常出现在各种饮宴场合，她们分别为胡楚、周韶、龙靓、秀兰、嵇氏和郑某。

有关她们的才艺姿色以及她们与苏轼的交往，后文将一一提及。

这里先要申明，苏轼与杭州官妓绝无肌肤之亲，因为朝廷严格规定，州郡官员决不允许与本地官妓私通，否则便以违规论处，在苏轼来杭之前，这里曾出现过两宗"作风不正"案，一是湖州太守唐询，因"不固所守"，"悦官妓取以为妾"而被朝廷罢免；① 另一位是沈立的前任祖无择被人告发，说他在知杭州时曾"与官妓薛希荟通"，朝廷派人来杭州严审薛希荟，没想到这个女子极为刚烈，折磨至死都不招认，最后朝廷只好拿祖无择随意让老词人张先使酒累计达到三百小瓶而降职一级，② 可谓前车之鉴，历历在目；而与苏轼一同在杭州为官的朝廷转运司官员王廷老（后来成了苏辙的亲家）等人，也因此事而丢官。朝廷在杭州的耳目甚多，苏轼又因持不同政见而被政敌死死盯着，他绝不会因此留下口实，将自己的前程断送。

然而官员到了异地，情形就大不一样，他可以名正言顺地接受官场友人的款待，放松一下，实属寻常。就在这年秋冬，苏轼受命到湖州出差，与湖州太守孙觉商议修筑松江堤坝之事。在此期间，孙太守不仅将自己的

① 见《宋史》卷三百三《唐询传》。
② 见《续资治通鉴长编》卷二百十三"神宗熙宁三年"事。

女婿黄庭坚的诗文交他欣赏，要他收下后来"苏门四学士"中的第一弟子，还按朝规，向他提供了色艺俱佳的"官妓"服务。

此事有苏轼的诗歌为证：

> 夜桥灯火照溪明，欲放扁舟取次行。
>
> 暂借官奴遣吹笛，明朝新月到三更。
>
> ——《赠孙莘老七绝》之四

《苏诗合注》在第三句下注道："先生诗，似言官妓也。"什么"似言"，会吹笛子的"官奴"，不是官妓，难道还会是做夜宵的女仆？看到"新月到三更"五个字，我们便会联想到他与吕公子西湖泛舟时的"游人得向三更看""荷花夜开风露香"，两诗意境如出一辙。

细节留给喜欢索隐的人去探究吧，我们这里只探讨苏轼的心态。西湖献花游女、夜晚新月般的佳人、湖州苕溪边上吹笛的官妓……在苏轼眼里，江南的"佣儿贩妇皆冰玉"，那么这些经过精心挑选出来的佳丽，当是冰之晶莹、玉之温润了。

回到杭州后，苏轼少不了再到湖上饮酒，也少不了更多的官、私佳人相互陪伴。终于，在一个先前还是晴空丽日，后来突然翻云覆雨的白天，他目睹着山光水色的多端变化，许久以来一直积郁于胸的灵感，突然间喷涌出来：

> 水光潋滟晴方好，山色空濛雨亦奇。
>
> 欲把西湖比西子，淡妆浓抹总相宜。
>
> ——《饮湖上初晴后雨》

请大家注意"饮湖上"三个字。这说明，苏轼在写此诗时，又在湖上饮酒，所谓"湖上"，就是花船里面，身边自然美女如云。自他初到西湖的那一刻起，美女佳人就已是美景良辰的孪生姐妹，苏轼一直在寻找机会，将身边美女与眼前美景熔铸于一体。白天献花的游女也好，夜里陪游的莲娃也罢，当然也不能忽略湖州那位吹笛子的侍儿，还包括上文所述既如溪水般清纯又带着野性的"于潜女"，所有这些如花似玉、如水似冰的女性，共同在苏轼脑海里聚成一个美轮美奂的轮廓，似真似隐，如梦如幻，过去只觉无法用笔墨来描绘……

终于，苏轼的幻觉中出现了西施。

她是一个既美丽又纯朴的女子，衣袂连风，水袖带波，动若露荷当风，静如弱柳依依，笑靥含情脉脉，言语燕呢莺啼。然而她既有天姿国色，却又深明大义；既能使鱼为之沉、雁为之落，又能让不可一世的敌酋意乱神颓、为之亡国；既能使胸怀天下的才子为之痴狂，又能让位至人极的范蠡偕她私奔；虽然她曾被吴王夫差玷污过，可她在世人心中依然像块璞玉……

苏轼渐渐明白，完美的湖山便是绝世美女的熔炉，这些美女个个都是湖山灵气的集结。西施虽然早已逝去，可西湖就是她的化身，西湖上游动的女子，就是西施的姐妹，举目望去，她们娇美的身姿，一举手、一投足都带着西施的身影，一笑灿、一招摇都有西施的妖媚。而西湖上的晴天丽日，也像西施淡妆浣纱；西湖上雾雨濛濛，犹如西施蹙眉沉思……幻觉的生生灭灭，终于让苏轼这位对女性十分敏感、对变化着的柔美景色品味得非常细致的人，将地域有限的西湖和美妙无垠的西施深深地融成一体……那些浸润在江南水乡里的诗人，诸如后来的徐志摩之类，也许是对水中的荇草、湖中的莲荷过于留意，相反会对沉积于历史之中、融贯在人与造化之间的那种既博大又厚重的美无从体会。只有像苏轼这样的人，既体察过太白之巍峨、峨眉之雄奇，又对《易经》中的"道"和天人合一的精髓体悟极深，且能将天上月神、仙子，人间貂蝉、西施这些美得无垠的象征从远古的浑瀚苍茫中勾摄出来，才能不被细枝末节所羁，继而跨越时空，向面前那一泓变幻着的湖水中注入华夏神秀幻奇的美的魂魄。

杭州西湖在宋代之前官称钱塘湖、涌金湖、金牛湖，[①] 只有普通百姓才将它简称为西湖（城西的湖）。自从苏轼将西施之美注入它的称谓，西

---

① 有关此事，请参见《西湖游览志》《西湖游览志余》。

湖的千变万化才与"西子"的千娇百媚重叠在一起，浓妆淡抹总是美，如梦似幻亦定格。别说后来那些食古嗜痂者在西湖边上铸造起巨大的铜牛，就是给每个来此游赏的人都赠送一头金牛，恐怕也改变不了"西子湖"那至高无上、美妙绝尘的意味。

吃水不忘掘井人。看到杭州西湖游人如织，人们自然不会忘记苏轼。每当我们想到今天的旅游业是如何撑起杭州那可观的 GDP 时，切勿忘记，这里也有那些"佳人""游女""莲娃"的一份业绩……

佳人相伴： 新诗难唱需填词

金花盏面红烟透，舞急香茵随步皱。

青春才子有新词，红粉佳人重劝酒。

以上四句不是诗，而是词。从形式上看，四句皆为七言，后一联对仗也很工整，但两联之间的二、四、六字已不再"粘连"，这就是与格律诗迥然有别的《玉楼春》词的调式。

这半阕《玉楼春》，出自欧阳修之手。酒绿灯红，舞急香缓，才子依曲填词，佳人高歌劝酒，这就是宋代文人宴集、应酬时最常见的一幕。欧阳修二十四岁考中进士后，便被差往洛阳任西京留守推官，据说他曾与谢绛、尹洙等好友"携官妓，游龙门，半月不返"，西京留守钱惟演亲自发函，召他们回来处理公务，欧阳修等人竟不答理，① 可见这些"青春才子"，一旦与"红粉佳人"配上了对，会沉迷到何种程度。

苏轼在汴京时，也常与同僚、友人一道光顾"攀楼"等歌舞场所，"来听佳人唱《踏莎》"②，但他一直不会写那种情调绮靡的小词，以致到了杭州，每遇歌舞宴集，他都用诗来应付，在《会饮有美堂，答周开祖湖上见寄》里，他曾有这样的诗句：

新诗过与佳人唱，从此应难减一分。

---

① 事见洪迈《容斋随笔》卷十五"孔氏野史"条。

② 《苏轼诗集》卷六《次韵杨褒早春》。有关苏轼作词甚晚的原因，将在《苏词篇》里详细探讨，此处从略。

不会填词，便用"新诗"充数，虽可以临时"应难"，但其中味道毕竟"减一分"，差强人意。对才名极高、众望所归的苏轼来说，面对佳丽却写不出为她们增色的歌词，实在是件既煞风景又丢颜面的事，于是学写小词，一时成了当务之急。正好，第二年秋天，为人峻苛、不苟言笑的太守沈立期满离任，曾在朝廷与苏轼共过事的陈襄，也因反对王安石变法而被外放，成了苏轼的顶头上司。陈襄与王安石同年中进士，却比王安石还大四岁，小他十九岁的苏轼，此时俨然是个小弟弟。陈襄生性便像老顽童，游赏西湖的兴致比苏轼还要大，他将公务一切从简，一有机会就拉着苏轼到湖中游乐，不仅要杭州的歌妓尽力捧场，还在新春之际，把一直躲在湖州的老词人张先请了过来。张先是个老风流，年过八十还到处张罗着购置小妾。有这位花花老太岁在前引导，太守陈襄既言传身教，又以诗相逼，苏轼的风流性情终被调动起来，他于熙宁六年（1073）正月二十二日，模仿恩师欧阳修的《浪淘沙》，写出同调词《探春》①，此后便一发不可收拾，在余下的不足两年里，他共写下应酬之作三四十首，为后来在密州创作豪放词，登上北宋词坛的制高点，打造了坚厚的基础。

下面所引，便是他与张先一同游览西湖时写下的：

凤凰山下雨初晴。

水风清，晚霞明。

一朵芙蕖、开过尚盈盈。

何处飞来双白鹭，

如有意，慕娉婷。

忽闻江上弄哀筝。

苦含情，遣谁听？

烟敛云收，依约是湘灵。

---

① 关于苏轼开始作词的时间和过程，将在《苏词篇》详细解读。也可参考笔者专文《苏轼词作编年新说》，见中国人民大学中文系主编：《中国苏轼研究》第二辑，北京：学苑出版社2005年版。

欲待曲终寻问取，

人不见，数峰青。

——《湖上与张先同赋，时闻弹筝》

所谓"同赋"，既可以理解成二人同时用同一词调进行创作，也可以认为二人共同创作。由于在张先现存词中找不到印证，后一种解读更合实情，即苏轼身为后学，先行试作，张先是老前辈，在声律上加以校正。有关这首词，当时就有一些离奇的传说：

> 东坡在杭州，一日游西湖，坐孤山竹阁前临湖亭上，时二客皆有服，预焉。久之，湖心有一彩舟，渐近亭前，靓妆数人，中有一人尤丽，方鼓筝，年且三十余，风韵娴雅，绰有态度。二客竞目送之，曲未终，翩然而逝。公戏作长短句云。
>
> ——宋·张邦基《墨庄漫录》

这个故事，将苏轼词中"弄哀筝"之事详加演绎，一个三十余岁、"风韵娴雅、绰有态度"的佳丽，出来卖弄一下风情，旋即隐退了。值得注意的是，故事在苏轼和张先二人之外，又引入两个丧服在身（有服）的客人，以便与词中"何处飞来双白鹭"之句相吻合。

另外一个传说更加有声有色：

> （东）坡倅（当副手于）杭日，与刘贡父兄弟（刘敞、刘邠）游西湖，忽有一女子驾小舟而来。自叙景慕公名，无由得见，今已嫁为民妻。闻公游湖，不惮呈身以遂景慕之忱，愿献一曲。坡乃为赋《江神子》词。①
>
> ——宋·袁文《瓮牖闲评》

---

① 《瓮牖闲评》所载这一故事，因版本不同，文字略异。为求其真，这里特引颜中其《苏东坡轶事汇编》之说，详见该书第 40 页。

好嘛，弹筝的女子，在这里成了有夫之妇，因要了却青春年华的浪漫情思，甘愿为她所仰慕的苏大才子而"呈身"。故事可信与否暂且不论，但可以说明一点，就是苏轼早在杭州做通判时，就已成了西湖周围美女佳人、风流少妇所钦慕、所追逐的对象，如能得到他的赞许，即便以身相委，那也是无比荣耀的事情。

为了将"二客皆有服"之事坐实了，《瓮牖闲评》的作者不惜把常与苏轼笑谑的好友刘敞、刘邠（字贡父）兄弟搬了进来，乃至今天的邹同庆、王宗堂二位教授在"双白鹭"下注释道：

> 指与苏轼同游西湖之刘贡父兄弟……此以"双白鹭"比喻二刘（二客），因"皆有服"即都穿孝服，故言。①

稍微熟悉苏轼交游之友的人都知道，苏轼在凤翔为官时，先与刘敞相识，后来到了汴京，又认识他弟弟刘邠。刘敞比苏轼大十七岁，刘邠比苏轼大十三岁。到了熙宁六年，刘敞兄弟的父母都早已亡故，他们直到此时才为父母守丧，真该祝贺他们的亲严高寿多福。问题在于，宋代礼法严格规定，服丧期间严禁外出游乐，刘氏兄弟两个不在江西新余县老家循规蹈矩，却跑到杭州西湖来游乐，岂不成了两个不孝之子？

略微翻一下史书，人们就会哑然失笑，原来刘敞早在五年前，也就是熙宁元年（1068）四月八日就已病逝，②当时苏轼兄弟正在眉山为父亲苏洵服丧，丧期一满，他就为刘敞专门写了一篇祭文。六年之后刘敞若是现身杭州，岂不是白日见鬼？

只要认真研读一下苏轼的诗，便可发现，白鹭不仅是他最喜欢的意象之一，他还特别爱用"双白鹭"来称赞两个在一起的友人：

> 惟有飞来双白鹭，玉羽琼林斗清好。
>
> ——《再和潜师》

---

① 邹同庆、王宗堂：《苏轼词编年校注》，北京：中华书局2002年版，第33页。
② 见《宋史》卷三一九《刘敞传》，参孔凡礼《苏轼年谱》第152页。

二子有如双白鹭，隔江相照雪衣明。

——《次韵秦少章和钱蒙仲》

前一联中的"双白鹭"，是指道潜和尚（参寥子）和苏轼的学生秦观，第二首诗里则指秦观的弟弟秦少章及其友人。既然苏轼能用"双白鹭"比喻他所喜欢的朋友，为何不能比喻自己和张先两个？其实早在苏轼之前，白居易就曾用此祥瑞之物自况，他的《白鹭》诗说：

人生四十未全衰，我为愁多白发垂。

何故水边双白鹭，无愁头上亦垂丝。

苏轼写此词时三十八岁，接近"人生四十"，而他"早生华发"，世人皆知。至于年至耄耋的张先，当然更与"白发垂垂"的鹭鸶相似。白鹭一名鹭鸶，乃江湖之上善于捕鱼之鸟，苏轼与张先同游西湖，不正像两只白鹭巡游于湖面之上吗？只是他们所要捕获的目标不是鱼，而是美人鱼一般的佳丽。

扫清这些杂说陈言之后，我们回过头来再看那首二人"同作"的《江城子》，便可得知，在一个晚霞明丽的傍晚，一名年岁稍长、姿色微衰，但颇会逢迎的歌女（即"一朵芙蕖、开过尚盈盈"），在西湖边上有幸迎到大名鼎鼎的苏通守和老词仙。由于刚下过雨，天尚未黑，二位客人找不到更好的船，只好上了这条花船。他们在湖的南岸游赏着（宋时西湖南岸靠近州府，远比现在的东、北两岸热闹），忽然听到靠近钱江的地方，有人用筝在弹奏着悲哀凄婉的曲子。这是什么人？在向谁倾诉？苏轼不愿直白解释，于是故作开脱地说：大概是屈原《九歌》中的湘夫人吧。张先便提议，可将这种感受写进一个曲子，我会帮你在音律上作些润色。

就这样，二人"同作"了一首扑朔迷离、让人想入非非的《江城子》。

这首词摹写湖上佳人，一显一隐，意境朦胧，让人难以忘怀。这些擅长音乐、歌舞的女性，在苏轼眼中绝不是什么"尤物"，她们和湘水女神一样，有着幽隐而又洁净的灵魂。

我们都知道，在苏轼三百多首词里，最著名的有两阕寄调《江城子》，其实这里也有他的学词之师张老前辈的启喻之功。

苏轼在杭州做通判时，也喜欢游览寺庙、与和尚为友。但在和尚与歌女之间，他直言不讳地选择后者：

> 不如西湖饮美酒，红杏碧桃香覆髻。
>
> ——《自普照游二庵》

红杏、碧桃，应是西湖佳人们的泛称，这两个词后来还有用场，请读者深储于记忆。需要补充说明的是，苏轼四十二岁，在徐州当太守时，见到风流才子倩红依翠，曾有以下回忆：

> 沈郎清瘦不胜衣，边老便便带十围。
> 蹩躠身轻山上走，欢呼船重醉中归。
> 舞腰似雪金钗落，谈辩如云玉麈挥。
> 忆在钱塘正如此，回头四十二年非。
>
> ——《次韵王巩颜复同泛舟》

"蹩躠身轻山上走，欢呼船重醉中归。舞腰似雪金钗落，谈辩如云玉麈挥。"既有外出"观政"的辛劳，也有探寻名胜的欢乐，更有与同僚、友朋海阔天空的"谈辩"的快意，然而最让他难以忘怀的，还是杭州那些"舞腰似雪"的"金钗"，还有会把船儿压沉的游湖"佳丽"。身为杭州通判的苏轼，风流生活，大概如此。

清歌肠断： 多情好事与君还

　　重重绣帘高高卷起，倾国倾城的美人露出她的容颜。华灯之下，潋滟的西湖碧波从她的眼里溢出；皓齿微露，一曲清歌从她的唇间飞出。

　　然而，这是一曲悲伤哀愁的歌，那美丽的蛾眉随着歌声频频蹙起。

　　悲凉凄怨的歌声幽然飘来，节拍中规中矩，没有丝毫破绽。可是我的心，早已失去正常的节律，肝肠也寸寸断裂。清歌唱罢，余音还在绕梁回响，就像一串珠儿抛洒在空中灿灿发光，可是美人的泪水，也如一串珠儿，在簌簌流淌……

　　这不是二十一世纪某一时期曾经风行的故意煽情、以赚取观众廉价泪水为目的的所谓表演，而是九百多年前歌台舞榭的一个真实场景。记录这种场景的，就是苏轼词作《菩萨蛮·歌妓》：

> 绣帘高卷倾城出，灯前潋滟横波溢。
> 皓齿发清歌，春愁入翠蛾。
>
> 凄音休怨乱，我已先肠断。
> 遗响下清虚，累累一串珠。

　　在苏轼现存作品中，"妓"字出现二十余次。他的小词，既有《歌妓》，也有《舞妓》《官妓》《杭妓》，甚至还有一首专写"妓馆"，但以这首《歌妓》写得最动情、最感人。

　　这里有个迥然相异的对比，就是与苏轼同属于欧阳修学生、同样卓有

才华的王安石，诗文之中没有只字沾染"妓"字。王安石为人正直，不近
女色，确实值得赞许，但他在当上宰相、总揽朝政、深受神宗信任时，并
没有任何政令废除官妓制度、改变官妓来源。也许，要求心里装满改革大
计的王安石替官妓说话是一种苛求，但是，上面提到的杭州前任太守祖无
择和薛希茡有染案，主要原因是祖无择与王安石政见不合，后者授意其下
属王子韶告密，另一位理学家张载充任此案主审，最后没有抓到祖无择什
么把柄，却将薛希茡抓进监狱，薛被惨打致死，成了政治斗争的牺牲品。①
在这位所谓"中国十一世纪伟大的改革家"的眼里，普通民女的性命尚且
一文不值，② 一介官妓的命运何从谈起？

　　而同样作为政治家的苏轼，他对女性的态度却是大相径庭：他喜欢与
女性接触，从而得以了解社会各个层面女性的生活情形。除了我们这里集
中展现的歌舞佳人外，苏轼还在他的诗篇里，详细描绘过吴中田妇因交不
足青苗钱而被迫跳河自尽的情景（《吴中田妇叹》），还用"姑不恶、妾命
薄"等诗语，对那个时代受尽姑婆虐待的女性寄予深深的同情（《姑
恶》）。他既乐意给一个充满童真的女孩题诗裙带，也非常喜欢与质朴无华
的农村老媪在一起谈笑风生。苏轼在他的诗词中数十次自叹"多情"，其
"情"之"多"，就多在对女性的关爱与怜悯上。在某种意义上说，如何对
待处于社会底层、属于弱势的女性，是一个人有无人道、人性善恶的试金
石。喜欢与女性接触，欣赏并关爱她们，同情与怜悯她们，认真感受她们
的生活，用细腻的笔触描写她们，进而与她们同欢乐、共悲泣，这就是生
活中真实的苏轼。也许正因这种性情，让他无缘政坛的巅峰，但这种性情
让他活得十分充实，日子过得丰富多彩，和那些政治高调直上云霄、情感
生活苍白如缟的人相比，他的一生等于许多人的好几个来生，这就是苏轼
"多情"与"风流"的价值所在。

---

① 事见《宋史》卷二百《刑法二》、卷三百二十九《王子韶传》、卷三百三十一《祖无择
传》、《续资治通鉴长编》卷四百二十二、《续资治通鉴》卷六十七以及《东轩笔录》卷十一、
《邵氏闻见录》卷十六、《旧闻证误》卷二。
② 王安石变法之初，曾将一名盛怒之下持刀误伤同居懒惰男人，然后主动自首的登州民女
阿云以谋杀亲夫罪处以死刑，引起轩然大波。详见《宋史》卷二百一《刑法三》。

如前所述，宋代中期的官妓大都来自被抄家、编管的罪人眷属之中，她们或出身于达官贵人之家，或脱落于破了产的豪商巨贾庭院内，最普通的也是自小被家里卖到青楼妓院，因色艺俱佳而被官府收购。她们被统一编入"妓籍"——地位远比乞丐还要低下的特殊序列，是供人玩弄的色奴隶和性奴隶，不到人老珠黄时决不能"脱籍"。最令人伤悲的是，官员和平民百姓若是死去父母，都可以守丧举哀，可这些官妓却不能，她们身上穿着孝服，还要陪酒、唱歌、强颜欢笑。因此，这些官妓表面上风光，内心却极为痛苦，苏轼这首描写歌妓生活的《菩萨蛮》词，便是她们悲苦生涯最形象的写照。

这首词究竟是写给哪一位官妓的，已经无从查考，但从相关的资料中可以看出，她十有八九是太守陈襄最喜欢的官妓周韶。苏轼在同时期写过一首《与述古自有美堂乘月夜归》诗，当中的"凄风瑟缩经丝柱，香雾凄迷着髻鬟"，与这首词意境就极相似。周韶是个多才多艺的女子，早在八年前，另一位大书法家蔡襄做杭州太守时，周韶就曾与蔡太守一起"斗茶"——比赛茶艺，让那位自幼生长在茶乡福建、因曾向朝廷进奉"小龙团"茶而闻名于世的蔡太守败下阵来。看到自己的同伴薛希㬢因被太守关爱，便被朝廷无端折磨致死，周韶深知受到太守垂青，恰恰是件最麻烦的事，因此她想方设法脱离妓籍，才在大庭广众之下清歌凄怨、发出让人肠断之词。

苏轼还有一首《江城子》，是写给同僚陈直方和妓女嵇氏的。他在序中说："陈直方妾嵇（氏），钱塘人也。乞新词，为作此。"那首词作是：

玉人家在凤凰山。水云间，掩门闲。
门外行人、立马看弓弯。
十里春风谁指似？斜日映，绣帘斑。

多情好事与君还。悯新鳏，拭余潸。
明月空江、香雾著云鬟。
陌上花开春尽也，闻旧曲，破朱颜。

　　元人陈秀明《东坡诗话录》说："陈直方之妾，本钱塘妓人也，乞新词于苏子瞻。子瞻因直方新丧正室，而钱塘人好唱《陌上花缓缓曲》，乃引其事以戏之。"陈秀明此言差矣。苏轼在词中讳言"妓"字，却用"玉人"来称嵇氏，何"戏"之有？词的上半阕说陈直方曾经偷看过嵇氏排练"弓弯舞"，对她极有好感，因此在夫人去世后，要纳嵇氏为妾，苏轼词中的"多情好事与君还"之语，分明在劝陈直方打消顾虑、替艺妓嵇氏赎身，以偕鸾凤于飞之美。

　　"陌上花开春尽也，闻旧曲，破朱颜"，是指作者曾写过的另一组曲。苏轼去过临安县西的九仙山，在那里，曾听到村中儿童唱着吴越王时代的民歌，其中有"陌上花开，可缓缓归矣"之句，歌声唱得"含思宛转，听之凄然"，为此他重新填过三段新词：

> 陌上花开蝴蝶飞，江山犹是昔人非。
> 遗民几度垂垂老，游女长歌缓缓归。
>
> 陌上山花无数开，路人争看翠軿来。
> 若为留得堂堂去，且更从教缓缓回。
>
> 生前富贵草头露，身后风流陌上花。
> 已作迟迟君去鲁，犹教缓缓妾回家。

　　这三首"仿民歌"，意蕴极深，"生前富贵草头露，身后风流陌上花"，是苏轼人生价值观的重要支柱，也是其"风流"的本源和内驱力。在这里请大家注意，前面我们所说的"游女"，在这首诗里再次出现，不过这里的"游女"却是指吴越王妃。在苏轼的眼里，无论王妃，还是湖船歌妓，本质都是一样的，都需要有所归依，"妾回家"才是她们的共同希冀。漂泊无依的歌妓、游女们能找到好的归宿，这就是苏轼对她们最大的祝愿，为此他也做了持续不懈的努力。

薄命佳人： 颜色如花命如叶

说到这儿，我们必须提到苏轼名作之一《贺新郎》。这是一首屡让世人称赞，也每每让人费解的作品，主旨究竟表达什么，为谁而作，至少有五六种见解，可谓众说纷纭，弹讥四起。[①] 由于下文还要专论，这里仅录该词的《序》：

> 余倅杭日，府僚湖中高会，群妓毕集，惟秀兰不来，营将督之再三，乃来。仆问其故，答曰："沐浴倦卧，忽有扣门声，急起询之，乃营将催督也。整妆趋命，不觉稍迟。"时府僚有属意于兰者，见其不来，恚恨不已。云："必有私事。"秀兰含泪力辩，而仆亦从旁冷语，阴为之解。府僚终不释然也。适榴花开盛，秀兰以一枝藉手献座中。府僚愈怒，责其不恭。秀兰进退无遽，但低首垂泪而已。仆乃作一曲，名《贺新郎》，令秀兰歌以侑觞，声容妙绝，府僚大悦，剧饮而罢。

这篇长序见于毛晋《宋六十名家词》本《东坡词》，有人说这是根据宋人杨湜《古今词话》改写的，为此还有一系列是是非非，我们将辟专节评述。这里只想说明一点，从此序中，可以看到苏轼在尴尬的场合里，会极力为官妓解围，至少在宋人的传说中曾经如此。

[①] 有关争论，请参见邹同庆、王宗堂：《苏轼词编年校注》，北京：中华书局2002年版，第766页。

苏轼在任杭州通判时，还有一首《薄命佳人》诗，显然在写歌妓。诗的原文是：

双颊凝酥发抹漆，眼光入帘珠的皪。
故将白练作仙衣，不许红膏污天质。
吴音娇软带儿痴，无限闲愁总未知。
自古佳人多命薄，闭门春尽杨花落。

诗中再次提起，这位美貌绝伦的佳人身着白衣，像仙子一般飘逸；她身为吴人，娇音软语，却没有涂脂抹粉，眼睛里闪烁着珠泪，这种凄楚和伤悲，又与前面所说的周韶极为接近。不过，无论这位歌妓是谁，有一点毋庸置疑，那就是苏轼对她充满怜悯，同时又非常无奈。

"自古佳人多命薄"一语，道尽数千年来歌儿舞妓的悲惨命运。在苏轼之前，唐人也曾有过类似的歌诗：

陵园妾，颜色如花命如叶。
命如叶薄将奈何？一奉寝宫年月多。
　　　　　　　　——白居易《陵园妾》

每怜容貌宛如神，如何薄命不胜人？
　　　　　　　　——刘元淑《妾薄命》

十载来夫家，闺门无瑕疵。
薄命不生子，古制有分离。
　　　　　　　　——张籍《离妇》

白居易借宫女幽居、不得宠幸而抒发自己命运不济的哀怨；刘元淑写女子嫁给征夫，终日孤守空房；张籍则写女人因不能生育，从而被丈夫遗弃，三首诗从不同角度展现了那个时代发生在女性身上的悲剧。专写妓女

的诗，则以韦庄的《伤灼灼》最为突出：

> 尝闻灼灼丽于花，云髻盘时未破瓜。
>
> 桃脸曼长横绿水，玉肌香腻透红纱。
>
> 多情不住神仙界，薄命曾嫌富贵家。
>
> 流落锦江无人问，断魂飞作碧天霞。

韦庄在《伤灼灼》诗题下曾注道："灼灼，蜀之丽人也。"这位谢却富家子弟之邀，宁愿流落锦江红尘的歌妓，最后命运就是天涯"断魂飞"。深谙前贤诗文和蜀川掌故的苏轼，在《薄命佳人》诗里吸取了以上诸诗的意蕴，却用"闭门春尽杨花落"一语，暗示这一佳人最后的出路：遁入空门，成了尼姑。南宋人周辉后来记载道：

> 辉在建康，于老尼处得东坡元祐间绫帕子，上所书《薄命佳人》诗，末两句全用草圣，笔势尤超逸。尼时年八十余矣。又于吕公经甫家见所书《伤春词》。
>
> ——《清波杂志》卷二《东坡八赋》

在《苏轼诗集》里，这首《薄命佳人》诗列于陪陈襄去吉祥寺看花诗之前，应是熙宁六年（1073）春天作。显然，这位"佳人"当时已经出家为尼。难能可贵的是，苏轼在元祐四年（1089）重来杭州当太守时，居然为那"老尼"重题旧诗，可见他们之间的交往非同一般，甚至可以说，二人深有情谊。

周辉在《清波杂志》中说他所见到的另一首《伤春词》，是苏轼为友人吕文甫的亡妻安氏写的，也很值得一提。吕文甫丧妻后，终日"念之不忘，思有以为不朽之托"，才请东坡先生题词。《伤春词》是楚辞体，苏轼在其中写下这样的语句：

佳人与岁皆逝兮，岁既复而不返。

付新春于居者兮，独安适而愈远。

……

风泛泛而微度兮，日迟迟而愈妍。

眇飞絮之无穷兮，烂天桃之欲燃。

燕哓哓而稚娇兮，鸠谷谷其老怨。

蝶群飞而相值兮，蜂抱蕊而更欢。

善万物之得时兮，痛伊人之罹此冤。

……

求余文以写哀兮，余亦怆恨而不能言！

——《苏轼文集》卷六十八《伤春词并引》

　　这篇辞赋写于元祐年间，东坡当时已是朝廷要员。吕文甫并不出名，职位更是无关紧要的虞部郎官，但东坡为其真情所动，伤春之词，发自肺腑，一如悼念自己的亲人。在风和日丽、蜂戏蝶闹的春天，东坡见到"万物得时"，唯独一个好女子命归黄泉，他为之伤悲，竟到了"怆恨而不能言"的地步，安氏女子在天之灵若是有知，也当为获"不朽之文"而涟涟落泪。东坡对女性之尊重，易为至情所感染，以致如此。

　　值得深思的还在于，上面所展现的众多"佳人"，既有家居寻常的良家女子，也有沦落妓籍的风尘歌妓，苏轼对她们一视同仁，毫无偏见，在他的心里，女人就是美的化身，她们弱小、幼嫩、纯洁，一旦身遇不测，就值得为之哀歌、为之伤悲……

怜香惜玉： 打开金笼放雪衣

既然苏轼对身边的"薄命佳人"如此同情，如此关爱，那他何不尽其所能，帮她们脱离苦海？

事实上，苏轼一直在做这件事，不仅尽力而为，而且做得有声有色。

在杭州通判任上，有一次太守陈襄外出巡视，苏轼受命代理知州。在短短的五天之内，他做了一件大事。他的好友赵德麟记载道：

> 钱塘一官妓，性善媚惑，人号曰"九尾野狐"。东坡先生适是邦，阙守权摄。九尾野狐者，一日下状解籍，遂判云："五日京兆，判断自由；九尾野狐，从良任便。"
>
> 复有一名娼，亦援此例。遂判云："慕周南之化，此意诚可嘉；空冀北之群，所请宜不允。"
>
> ——《侯鲭录》

王辟之《渑水燕谈录》则说，"九尾野狐"是胡楚，后一"名娼"便是周韶："有周生者，色艺为一郡之最，闻之亦陈状乞嫁。公惜其去，判云：'慕周南之化，此意诚可嘉；空冀北之群，所请宜不允。'"

看来苏轼很讲究策略，他不能乘太守不在之际，将他最喜欢的"角儿"放走，以免闹得大家不快。然而他心里一直惦记着此事。这年春天，德高望重的婺州太守苏颂前来访问，苏轼便请他在陈襄面前替周韶说情，《侯鲭录》还有如下记载：

　　东坡一帖云：杭妓周韶、胡楚、龙靓，皆有诗名。（周）韶好蓄奇茗，尝与蔡君谟斗茗胜之。苏子容（颂）过杭，太守陈述古饮之，召（周）韶佐酒。（周）韶因子容求落籍。子容指帘间白鹦鹉曰："可作一绝。"（周）韶援笔云："陇上巢空岁月惊，忍看回首自梳翎。开笼若放雪衣女，长念观音般若经。"时（周）韶有服，衣白。一座笑赏。述古遵令落籍。

　　这里的周韶"有服，衣白"，即说她丧服在身，还要陪酒、作乐。由此可知，《薄命佳人》诗中的"故将白练作仙衣"，无疑就是周韶；而周韶诗的结句"长念观音般若经"，正是《薄命佳人》诗尾"闭门春尽杨花落"的注脚。所幸在苏轼和苏颂的配合下，周韶最终如愿以偿，脱离妓籍，跨进佛门，找到一个宁静的归宿。

　　这段逸事极具真实性，因为我们在苏轼其他诗文里，可以找到太守陈襄无奈地"开笼放雪衣"的例证。熙宁七年（1074）春天，苏轼奉命去常州、润州（今江苏镇江）一带赈灾，他在《常润道中有怀钱塘寄述古五首》之二里，再度提到此事：

　　　　世上功名何日是，樽前点检几人非。

　　　　去年柳絮飞时节，记得金笼放雪衣。

　　所谓"金笼放雪衣"，有两个故事：佛教劝人放生，常以"放鸽"为喻。[①] 据《谭宾录》载，天宝年间，唐玄宗和杨贵妃将岭南进贡的白鹦鹉称为"雪衣女"；《倦游录》则说，达官贵人生日，常将笼中燕雀、鸽子放出，以求增寿，[②] 这是文人雅士们的话题。与此同时，陕西汉中及四川一带，民间把某个男人将身边的女人放出去赚钱，也戏称为"放鸽子"[③]。既熟悉陕西、四川民情，又熟知历史掌故的苏轼生怕陈襄误解，便在这首诗

　　① 见《大庄严论经》卷十二。
　　② 此二事见《苏轼诗集》第554页该诗注所引。
　　③ 事见《清稗类钞·婚姻类》之"汉中乱伦之婚嫁"条。

后面特意注道："杭人以放鸽为太守寿。"《苏诗补注》的作者一眼便看穿此事，他解读道："此不欲明言，而托之放鸽，文字之狡狯也。"

陈襄也是通达之士，他接到此诗，颇为释然，立即和了一首寄回：

> 春阴漠漠燕飞飞，可惜春光与子违。
> 半岭烟霞红旆入，满湖风月画船归。
> 缑笙一阕人何在，辽鹤重来事已非。
> 犹忆去年题别处，鸟啼花落客沾衣。
> ——《和子瞻沿牒京口忆西湖寒食出游见寄二首》之二

由此可见，周韶脱籍，时间在熙宁六年（1073）寒食之际；苏轼和苏颂当时都颇动情，因此陈襄才说"犹忆去年题别处，鸟啼花落客沾衣"。

自从有了周韶被放之事，"金笼放鸽"就成了将身边的美女自由放飞的隐语，后来宋人有"金笼放鸽徒夸谢，静外乾坤分外宽"[①] 之诗，元人复有"金笼放鸽，年年飞絮时节"[②] 之词，到了清人小说里，经常见到这样的描述："就是在街上撞见，也不去打一眼，生怕又是放鸽儿的"[③]，或者说"杨氏等既感开笼放鸽，又恋着受恩深处，不忍遽离"[④]，都是从东坡居士这里学去的创意。至今江浙一带，仍将某男故意将身边的漂亮女人放出去卖身赚钱（或实施性贿赂），称作"放白鸽"，陕西、四川一带则还叫"放鸽子"。

后来不论是为官各地，还是被贬流放，凡是遇到官妓请求从良，苏轼都会尽力相助。元丰七年（1084）四月，他自黄州量移汝州，沿江东下，路过润州时，曾一次解脱过两个不幸的女子。请看他的《减字木兰花》词：

---

① 宋·吴同山：《庆游实至》，见《全宋诗》第 72 册。
② 元·张雨：《百字令》，见《全金元词》。
③ 清·桃源醉花主人：《别有香》第六回。
④ 清·夏敬渠：《野叟曝言》第一百二十六回。

> 郑容好客，容我楼前堕帻。
>
> 落笔生风，籍籍声名不负公。
>
> 高山白早，莹骨球肌那解老。
>
> 从此南徐，良夜清风月满湖。

原来这首词，每一句起始之字连起来读，便是"郑容落籍，高莹从良"八字。郑容与高莹，都是润州官妓。

宋人孙宗鉴的《东皋杂录》，曾作这番详细描述：

> 东坡自钱塘被召，过京口，林子中（林希，苏轼同年进士）作守，郡有会，坐中营妓出牒，郑容求落籍，高莹求从良，子中命呈东坡。坡索笔为《减字木兰花》……

《东皋杂录》认为这首词为苏轼在元祐年间为杭州太守、离任赴京时作，其实这词原题为"别润州守许仲涂"，为元丰七年苏轼被贬时期的作品。[①] 一介贬官，仍为歌妓尽力说辞，悲悯之心、救助之意，让人为之感佩。宋人陈善在《扪虱新话》中的记载，则更生动：

> （东）坡昔寓京口，官妓郑容、高莹二人尝侍宴，（东）坡喜之，二妓间请于（东）坡，欲为脱籍。（东）坡许之，而终不为言。及临别，二妓复之船所恳之。（东）坡曰："尔但持我此词以往，太守一见，便知其意。"盖是"郑容落籍、高莹从良"八字也。此老真尔狡狯耶?!

---

① 见宋·傅藻《东坡纪年录》，参见邹同庆、王宗堂：《苏轼词编年校注》，北京：中华书局 2002 年版，第 521 页。

难脱香泽： 霞苞露荷放船儿

苏轼在杭州始学作词，而且得到老词人张先的指点，这一点他本人从不忌讳。张先去世时，苏轼正在密州当太守。他在《祭张子野文》中真诚地说：

> 我官于杭，始获拥彗，欢欣忘年，脱略苛细。

司马迁在《史记·孟轲传》中记载：燕昭王在延揽邹衍为师时说："昭王拥彗先驱，请列弟子之座而受业。"此中"拥彗"（手持扫帚，打扫庭除），便是充当弟子之意。张先年长苏轼四十七岁，比老苏先生还早生二十年，二人确属"忘年"之交，"脱略苛细"四字，则指张先对苏轼初学作词时曾加以修改润色，字斟句酌，协韵衡律，非常精细。

后人评价苏轼词作，总以"豪放"一概论之，最具代表性的，莫过宋人胡寅之论断：

> 词至东坡，一洗绮罗香泽之态，摆脱绸缪宛转之度，使人登高望远，举首浩歌，超乎尘垢之外。于是《花间》为皂隶，而柳氏为舆台矣！
> ——《酒边词序》，又载《古今词话·词评》上卷

这句评语，若专指东坡豪放词，确属不易之论；如用它来统括东坡全部词作，则可谓只见树木，未见森林。

其实苏轼刚学作词时，同样未离"绮罗香泽"，即便后来，婉约柔媚之作仍占多数。词又称曲子词，从它形成的那一天起，就是用来欢宴侑酒、抒写男女相思离别之情的，《花间集》序中所谓"绮筵公子，绣幌佳人，递叶叶之花笺，文抽丽锦；举纤纤之玉指，拍按香檀。不无清绝之辞，用助娇娆之态"，便对词有别于诗的特性作了最好的描绘。如上所述，苏轼之所以在杭州才开始作词，就因与从政之余，常预歌宴，游览湖山，多携歌妓有关。歌词既是写给娇媚的歌妓们唱的，就势必不离花前月下、男欢女爱，甚至与其学词之师张先的艳词非常接近。

为了说明问题，我们先看一下张先的《踏莎行》：

> 波湛横眸，霞分腻脸。
> 盈盈笑语笼香屧。
> 有情未结凤楼欢，
> 无憀爱把歌眉敛。
>
> 密意欲传，娇羞未敢。
> 斜偎象板还偷睑。
> 轻轻试问"借人么？"
> 佯佯不觑云鬟点。

这首词写初入青楼的歌女尝试着倚门卖笑，招徕客人，可谓穷妍极态。有人说张先的词作迥异于"柳永之褒诨"[1]，其实并不尽然。

再看张先如何描绘男女帐帏之事：

> 娇香堆宝帐，月到梨花上。
> 心事两人知，掩灯罗幕垂。
>
> ——张先《菩萨蛮》

---

[1] 钱基博：《中国文学史》第五编第三章，北京：中国人民大学出版社2004年版。

> 粉落轻妆红玉莹，
> 月枕横钗云坠领。
> 有情无物不双栖，
> 文禽只合常交颈。
>
> 昼长欢岂定？
> 争如翻作春宵永。
> 日瞳昽，娇柔懒起，
> 帘押残花影。
>
> ——张先《归朝欢》

娇香罗帐，落粉轻妆，掩灯双栖，长欢不定，其中最香艳的句子莫过"文禽只合常交颈"，这里的"文禽"是指身上纹羽绚烂的鸟儿，若将二字改为称谓张先这帮终日偎红倚翠的"文人"，倒也名副其实。

苏轼对张先年过八十还要蓄妓置妾之事，曾作"诗人老去莺莺在，公子归来燕燕忙"① 之诗加以调侃，但他专门描写女性的词，同样是充满"绮罗香泽"：

> 玉环坠耳黄金饰，轻衫罩体香罗碧。
> 缓步困春醪，春融脸上桃。
>
> 花钿从委地，谁与郎为意？
> 长爱月华清，此时恨月明。
>
> ——《菩萨蛮》

玉佩金饰，香罗碧裙，春酒上脸，花钿委地。这与上面张先词中的"粉落轻妆红玉莹，月枕横钗云坠领"如出一辙，只是结尾处比较含蓄，没像张先那样坦言"双栖""交颈"而已。

---

① 《张子野年八十五尚闻买妾述古令作诗》，《苏轼诗集》卷十一。

苏轼有些描写男女交欢的词，比起张先，可谓有过之而无不及。

张先的湖州同乡贾收（字耘老），是一个衣食不继、十分落魄的穷秀才，但在张先、苏轼等人的接济下，也想方设法买了个小妓为妾，并取名为"双荷叶"。苏轼在往来湖杭之间，曾为此事写过两首小词，其一寄调《秦楼月》，也称《双荷叶》：

> 双溪月，清光偏照双荷叶。
> 双荷叶，红心未偶，绿衣偷结。
>
> 背风迎泪珠滑，轻舟短棹先秋折。
> 先秋折，烟鬟未上，玉杯微缺。
>
> ——《双荷叶·湖州贾耘老小妓名》

词的上阕"红心未偶，绿衣偷结"，下阕的"背风迎泪珠滑"，皆寓男女私闱之事。"先秋折"貌似写景，实则以荷花未及秋天便被折采，暗切"小妓"尚未成龄便被收房，而"玉杯微缺"，意在影射"妓"字。

他同时写下的《荷花媚》，则更极尽曲折形容之能事：

> 霞苞霓荷碧。天然地、别是风流标格。
> 重重青盖下，千娇照水，好红红白白。
> 每怅望、明月清风夜，甚低迷不语，妖邪无力。
> 终须放、船儿去，清香深处住，看伊颜色。

霞苞、霓荷、千娇照水、红红白白，既是写景，也是隐喻。"低迷不语，妖邪无力"八字，将老秀才面对小娇妓的腻态，调侃得有声有色。最后一句"终须放、船儿去，清香深处住，看伊颜色"，借小舟穿梭于荷花之中，将困蝶拈花、老蜂惹蕊之态写得淋漓尽致。

苏轼的高妙之处在于，他的词写景极为自然，表面看去，是将夏末秋初荷塘探花情景交融无隙，但字里行间幽隐曲折，每句都在引用前人诗文

名句或相应的典故。比如前一首词中的"玉杯微缺",有人引用《韩非子·说林》中的"玉杯象箸,必不盛菽藿"之句,说"此以'玉杯'喻女子之身"①。如若苏轼真将小妓"双荷叶"比作玉做的杯子、象牙做的筷子,那家境贫寒的贾耘老就是不宜"盛"入其中的"菽藿",贾收闻此,岂不要恼?其实这四字出自唐人崔融《为皇太子贺甘露表》中的所谓"涂涂被物,滴滴流膏,承以玉杯,凌汉宫而擅美"。难怪苏轼的后学兼友人李之仪在评价张先的词时,说他"才不足而情有余"②,仔细解读苏轼的"绮语",方知道这世界上什么叫"才情兼具"!

此时我们方知,脍炙人口的"一树梨花压海棠"只是浅近的调侃,而这类香艳词,方见其功力。

本篇开始,我们在解读"三十年前,我是风流帅"时,曾经提到清人对此类词的评语——"恣亵"。苏轼后来还用词摹写过美人之足,这类作品,在道学家的眼里,确实堪称"恣亵"。其实"恣亵"何足以喻?应该直接称作意淫!然而"食、色,性也",孔夫子都不讳言此,后世儒者何必讳莫如深?读过《石头记评花》的人都知道,《红楼梦》中"湘云剩水残香,宝玉以为鲜洁非常",在清人眼里是"描画意淫";"宝玉见宝钗肌容,发呆呆看,是钟情,亦是意淫"。殊不知"意淫"一语,出自《黄帝内经》第四十四篇《痿论》,原指"思相无穷,所愿不得"之时心理泛出的一种慰藉,能将这种心理用高超的比兴手法,含蓄蕴藉地加以表现,并让那些与自己修养相近的人去意会,这也是一种艺术,古今中外关于人体、性爱的描写,概莫能外。

说到"意淫"是精神上的慰藉,笔者便想起上个世纪初,周作人曾将日本女诗人与谢野晶子的《贞操论》翻译出来发表,成了"五四运动"前后影响极大的文本之一,其中有这样一段话,足以引起今人注意:

　　倘说是属于精神的,照意淫的论法,一见别家妇女动了情,

---

① 邹同庆、王宗堂:《苏轼词编年校注》,北京:中华书局2002年版,第21页。
② 《古今词话·词评》上卷引。

便已犯了奸淫。一凡男人见了女人，或女人见了男人，动了爱情，那精神的贞操便算破了。无论单相思，无论失恋，或只是对于异性的一种淡淡爱情，便都是不贞一。照这样说，有什么人在结婚前，绝对的不曾犯过这"心的不贞"呢？

人若不独居山中，全离了社会，可有一个人不曾这样破了贞操道德么？如果说贞操是属于精神的，对于这件问题，却须彻底的想一想才是。道德这事果能制裁人心的机微，到如此地步么？

——《新青年》第四卷第五号《贞操论》

这段话正好用来述说苏轼。他"翛龊好道"，"本欲逃窜山林"，终生与猿鹤为伍，结果"一落世网，不能自逭"，"迫以婚宦，汩没至今"。他在给参寥子的诗中曾自述："我本方外人，颜如琼之英。十载尘土窟，一寸冰雪清。竭来随我游，坦率见真情。"①从性情而论，苏轼喜爱自然、坦荡磊落、同情弱者、怜香惜玉，甚至连"眼前见天下无一个不好人"②的禀性终生不改，"冰雪清"堪称比喻恰当；可与此同时，他又坦然承认"西湖三载与君同，马入尘埃鹤入笼"③，然而"一坐红尘不易收"④，直到一切都已无可奈何时，才哀叹"尘埃我亦失收身""悔不先归弄清泚"⑤，最后索性唱起"谁教风鉴在尘埃，酿成一场烦恼送人来"⑥，甚至以汩没尘嚣为乐趣，将"天涯踏尽红尘"⑦视作人生的一大享受。

所有这些，既是生来喜欢"侣鱼虾而友麋鹿"的苏轼的悲剧，也是性喜交游，不可三日不会友朋的苏轼的喜剧。

---

① 《次韵答参寥》，《苏轼诗集》卷十八。
② 语见《漫浪野录》，载《南村辍耕录》卷二十"天下士"条。
③ 《次韵周邠寄雁荡山图二首》之二，《苏轼诗集》卷十四。
④ 《次韵王定国倅扬州》，《苏轼诗集》卷二十九。
⑤ 《过新息留示乡人任师中》，《苏轼诗集》卷二十。
⑥ 《虞美人》："波声拍枕长淮晓"，见《东坡乐府》。
⑦ 《临江仙》："一别都门三改火"，见《东坡乐府》。

佳人挥泪：　离亭欲去歌声咽

　　杭州通判三载，风流遍播诸郡。上面所述韵事，多发生在杭、湖两地。熙宁六七年之间，苏轼在苏、常、润、秀四州赈灾长达八个月之久，林语堂在《苏轼传》中写到，苏轼在常州时，曾与一直暗恋着的堂妹有所交往，实为望风捕影（本书作者将在另一专辑中专加辩驳），不过，他在苏州，确曾清楚地留下了与歌妓交往的记录。

　　熙宁七年（1074）九月，苏轼被提升为密州（今山东诸城）太守，在离杭北上途中，再次经过姑苏。在苏州太守王诲为他举行的宴会上，曾作过一首《阮郎归》词：

> 一年三度过苏台，清尊长是开。
> 佳人相问苦相猜，这回来不来？
>
> 情未尽，老先催，人生真可咍。
> 他年桃李阿谁栽，刘郎双鬓衰。

　　细玩词味，所谓"佳人相问苦相猜，这回来不来"，表明这位"佳人"并不在场，而是酒席之间托人相问，带有几分猜度、几分希冀。由此可知，问者不是可以直接参与太守之宴的官妓。所谓"这回来不来？"表明苏轼在前两度路过苏州时，曾与她有过颇深的交往，以致她非常牵挂。"他年桃李阿谁栽，刘郎双鬓衰"，是借刘禹锡"玄都观中桃千树，尽是刘郎去后栽"之意，作者以刘郎自况，毫不掩饰地告诉人们，自己曾对这位

"桃李"予以关照。

有关苏轼前两次在苏州落脚的情形，史料有如下记载：

> 三瑞堂，在阊门之西枫桥。孝子姚淳所居，家世业儒，以孝称。苏文忠公往来，必访之。尝为赋《三瑞堂》诗。姚氏致香为献，公不受，以书抵虎丘通长老云："姚君笃善好事，其意极可嘉。然不须以物见遗，惠香八十罐，却托还之。已领其厚意，实为他相识所惠，皆不留故也。"
>
> ——宋·范成大《吴郡志》卷十四

> （苏州）阊门之西有姚淳者，园亭雅洁。东坡每过，留憩游瞩竟日。（姚）淳因以古千（字）文一帙为献，（苏）公却之。他日又馈名香六十罐，（苏）公又托虎丘僧通长老婉辞之，曰："非不知姚君至诚，但某于诸人无所留，不容有异也。"
>
> ——明·李日华《紫桃轩杂缀》

《苏轼文集》卷五十七有《与姚君三首》，第一首言"过苏，首辱垂访"，第二首言"惠及千（字）文……谨却封纳"，卷六十一有《与通长老九首》，作于密州，第四封言及谢却"姚君……惠香八十罐"之事，可见范成大等人记载非虚。

阊门是古代苏州的西门，唐宋时期极为繁华，歌妓云集。白居易在《忆旧游》诗中说："江南旧游凡几处，就中最忆吴江隈。……阊门晓严旗鼓出，皋桥夕闹船舫回。……李娟张态一春梦，周五殷三归夜台。"诗下自注说"娟、态，苏州妓名。"宋代在阊门之外的河南侧有座"望云馆"，是当时苏州五大酒店之一。① 苏轼显然是在这里落脚，并与望云馆的歌妓有过交往。果然，这名歌妓后来守在阊门出城处，给她所仰慕的苏大人送别，苏轼为她又写了一首《醉落魄·苏州阊门留别》：

---

① 见范成大《吴郡志》卷七。

苍颜华发，故山归计何时决？

旧交新贵音书绝。

惟有佳人，犹作殷勤别。

离亭欲去歌声咽，潇潇细雨凉吹颊。

泪珠不用罗巾裛，

弹在罗衣，图得见时说。

明人沈际飞在《草堂诗余别集》中评价说："止有佳人异别可悲，既有佳人惜别可慰；墨香犹喷。"显然他抓住了苏轼当时的心态。从词中不难看出，这位歌妓对苏轼是十分眷恋的，而苏轼对她也极富同情，后来苏轼为官京城，据说曾给身边新增的一个侍妾取名"碧桃"（详见下文），如果真是这样，那就与他一直思念着的这位"桃李"不无关系。

苏轼在离开杭州、苏州后，还曾写过一首《乌夜啼·寄远》：

莫怪归心甚速，西湖自有蛾眉。

若见故人须细说，白发倍当时。

小郑非常强记，二南依旧能诗。

更有鲈鱼堪切脍，儿辈莫教知。

从"莫怪归心甚速"六字可以看出，这首词写于友人从他身边返回杭州时，所寄的对象应是杭、苏佳丽，或是熟悉她们的友人。除了"小郑""二南"三个，"鲈鱼堪切脍"也当指一名歌妓，要么是说杭州某位细皮嫩肉者，要么指在苏州旧欢（鲈鱼堪脍系苏州人张翰思乡典故）。苏轼于词中再三提醒友人，这类事情必须保密，若让"儿辈"知道，说不定会生出什么事儿来。

是啊，对那些动辄正襟危坐，总以"恣褻"等词语指斥"风流"的假道学来说，确实应说一句"儿辈莫教知"。

携手佳人： 天涯沦落思无穷

　　熙宁七年（1074）十一月至元丰二年（1079）七月，苏轼先后出任密州、徐州和湖州太守。密州二年是苏轼为官时期最艰苦的日子，灭蝗抗旱、救灾济贫、带领属官沿着城墙到处拣拾弃婴，甚至与百姓一起采杞菊、挖野菜充饥。胶东大地的荒凉与茫荡唤醒了苏轼身上积存多年的"狂"质与"野性"，《密州出猎》与"明月几时有"等豪放之作此时涌出他的笔端，也使天下歌坛为之震动。

　　但即便如此，苏轼在密州还是多有"香罗绮泽"之词：

> 帘外东风交雨霰。帘里佳人，笑语如莺燕。
> 深惜今年正月暖，灯光酒色摇金盏。
> 掺鼓渔阳挝未遍。舞褪琼钗，汗湿香罗软。
> 今夜何人吟古怨，清诗未就冰生砚。
>
> 　　　　——《蝶恋花·密州冬夜，文安国席上作》

> 欲向佳人诉离恨，泪珠先已凝双睫。
>
> 　　　　——《满江红·正月十三日，送姜安国还朝》

　　这两首词都是与友人唱酬之作，从中可以看出，密州也有以歌劝酒的"佳人"，可能都是富室所蓄私妓，因为在宋时，密州与凤翔一样，都是相当贫困之地，没有绝佳山水，游人很少光顾。虽然后来苏轼移守徐州时，密州友人曾在信中大谈"徐妓不如东武"①，但现存的苏轼在密州所写的诗词文赋，竟无一语谈到"妓"字。

雩泉。苏轼密州出猎的地点，就在这附近

　　苏轼刚到徐州上任时，觉得这座京东重镇虽然地理位置十分重要，可歌舞风流毕竟抵不上江南。"燕子人亡三百秋，卷帘哪复似扬州？"② 除了唐代名妓关盼盼的遗迹——燕子楼犹存外，徐州似乎没有能让他追随杜牧，青楼猎艳的条件。

　　然而，在他率领徐州军民奋战七十余天，挡住了滚滚东下的黄泛浊

---

① 见《和赵郎中见戏二首》诗题下小注，《苏轼诗集》卷十五。
② 见《和赵郎中见戏二首》诗题下小注，《苏轼诗集》卷十五。

流，保护住千年古城后，一个多才多艺且又十分痴情的官妓进入他的眼帘，这位佳人就是马盼盼。

让我们还是从苏轼名作《永遇乐》说起：

> 明月如霜，好风如水，清景无限。
> 曲港跳鱼，圆荷泻露，寂寞无人见。
> 紞如三鼓，铿然一叶，黯黯梦云惊断。
> 夜茫茫，重寻无处，觉来小园行遍。
>
> 天涯倦客，山中归路，望断故园心眼。
> 燕子楼空，佳人何在？空锁楼中燕。
> 古今如梦，何曾梦觉，但有旧欢新怨。
> 异时对、黄楼夜景，为余浩叹。
>
> ——《夜宿燕子楼，梦盼盼，因作此词》

由于版本不同，这首词还有一个标题，叫作《徐州梦觉·北登燕子楼作》。笔者自幼生长于徐州，曾详细寻访宋时徐州古城遗址，发现当时州衙在城中心偏北，苏轼在徐时，府第应在州衙附近；而燕子楼却在城的西南角，比邻城墙，[①]"北登"二字，显然与地理不合，因此《夜宿燕子楼，梦盼盼，因作此词》更符实情。

燕子楼是唐代镇守徐州的徐、濠、泗节使张建封之子张愔，为其所宠的歌妓关盼盼所建。张愔曾于唐德宗贞元十六年（800）代理徐州刺史之职，后调朝廷任工部尚书，并于元和元年（806）十二月病逝。[②] 白居易在《燕子楼》诗《序》中转引张仲素的记载说："尚书既殁，归葬东洛，而彭城有张氏旧第，第中有小楼，名燕子。盼盼念旧爱而不嫁，居是楼十余年，幽独块然，于今尚在。"白居易没有说明张尚书是张建封，还是张愔，

---

① 参见友人赵明奇君所整理、校注之全本《徐州府志》第 66 页所载《徐州府城图》，第 977 页《古迹考》之《燕子楼》条，北京：中华书局 2002 年版。
② 有关张愔事迹，见《旧唐书》卷十三《德宗本纪》下、卷十四《顺宗、宪宗》上，参《徐州府志》第 207 页。

后人多错误地以父代子，连身为苏门四学士之一的晁补之都说，"燕子楼空，佳人何在，空锁楼中燕"三句，"说尽张建封事"①。从白居易所引的故事看，关盼盼只是一介歌妓，并没有被张愔正式纳为侍妾，否则不会独自一个留在徐州；正因她没被正式接纳，却要死守小楼、终身不嫁，所以才为后人所津津乐道。

苏轼于三更之际，因梦而醒，茫茫月夜，起身徘徊，竟将"小园行遍"，可见梦中所思，梦后所感，甚是幽深绵长。问题在于，关盼盼乃三百年前旧人，为何值得苏轼如此黯然伤神？

这首词的关键，在下阕的"古今如梦，何曾梦觉，但有旧欢新怨"。关盼盼是"古"，而苏轼却由古思"今"，想到了自己的"旧欢新怨"，进而联想到"故园"。有关他在故乡的"旧欢"，前面的《逃婚篇》已经涉及，这里要细谈"新怨"。

请看宋人曾敏行的《独醒杂志》：

> 东坡守徐州，作《燕子楼》乐章，方具稿，人未知之。一日，忽哄传于城中。东坡讶焉，诘其所从来，乃谓发端于逻卒。东坡召而问之，对曰："某稍知音律，尝夜宿张建封庙，闻有歌声，细听，乃此词也，记而传之，初不知何谓。"东坡笑而遣之。

这个故事，旁证该词作于燕子楼，苏轼当夜确实宿住于此。恰巧他当徐州太守时，身边有个官妓，姓马，也叫盼盼：

> 徐州有营妓马盼者，甚慧丽。东坡守徐日，极喜之。盼能学公书，得其仿佛。公书《黄楼赋》未毕，盼窃效公书"山川开合"四字，公见之大笑，略为润色，不复易。今碑四字，盼书也。
>
> ——宋·张邦基《墨庄漫录》

---

① 见宋·曾慥《高斋诗话》，《历代诗余》卷一一五引。

　　东坡守彭城，参寥（子）尝往见之，在（东）坡座赋诗，援笔立成，一坐叹服。（东）坡遣官奴马盼盼索诗，参寥（子）笑作绝句云："多谢樽前窈窕娘，好将魂梦恼楚王，禅心已作沾泥絮，不逐春风上下狂。"（东）坡曰："予尝见柳絮落泥中，私谓可以入诗，偶未曾收拾，乃为此老所先，可惜也。"

——元·陶宗仪《说郭》

　　马盼盼身为官妓，敢在太守文书上擅动笔墨，已见受宠程度非同一般，摹仿苏轼笔迹如此相似，又见决非偶尔随从。最妙的还在苏轼与参寥子的对话上。这位僧友称马盼盼为"窈窕娘"，既见其美，又隐约显露其身份超越了歌妓，"好将魂梦恼楚王"一语，意指这位盼盼经常进入苏轼梦乡。徐州原名彭城，曾是西楚霸王项羽的都城，将此时身为太守的苏轼称作"楚王"，暗寓"巫山云雨"之事。苏轼在话语中非常自然地露出他对"柳絮"的悲悯之情，"柳絮落泥"显然与身坠妓籍的马盼盼密切相关，如今"狂逐春风"妙语，却被参寥子抢先道出，苏轼焉能不喜、焉能不"惜"？更可惜的还在于，马盼盼身为官妓，苏轼对她虽"极喜之"，却不能违背朝廷之规，将其纳为侍妾、长期带在身边，所以他在燕子楼之梦后，才有了"新怨"之说。

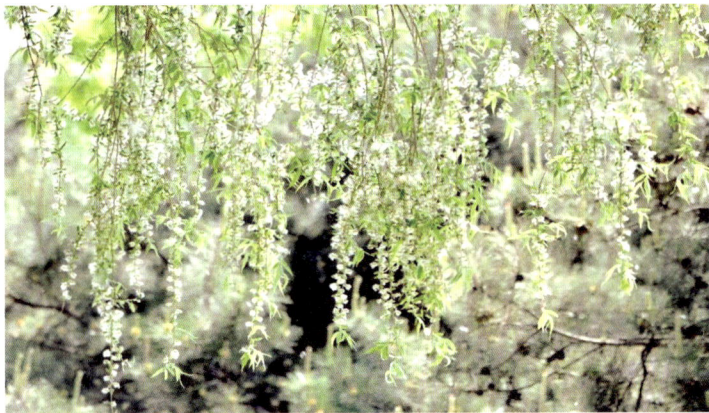

苏轼喜欢吟咏杨花柳絮，贬官黄州时，还写过著名的《水龙吟》："似花还似非花"

数年之后，苏轼的友人兼崇拜者贺铸来到徐州为官，也曾题咏《燕子楼》。他在诗序中说：

> 唐徐牧张建封晚得姬人盼盼，宠嬖之，为起燕子楼于使宅北城上，以处焉。后更兵火，楼不复存。天圣中，故相濮阳李公出守彭城，复楼于故址。壬戌重九后一日，余与二三僚友置酒楼上，分韵赋诗，偶得如字。而侍酒官妓亦有名盼盼者，盖窃希唐人，因为见于卒章。

贺铸这里也将张愔之事，错记在张建封身上。值得注意的是，他在这里交代了依然留在徐州的马盼盼情形：说她"窃希唐人"，即暗指关盼盼之志。所谓"见于卒章"，即贺铸诗的结尾六句：

> 醉袖舞鸲鹆，艳声歌鹧鸪。
> 迟留故时月，桂影来座隅。
> 回首一相诧：今人如不如？

"艳声歌鹧鸪"，表明马盼盼当时在唱"鹧鸪词"。唐末韦庄《咏鹧鸪》诗说："南禽无侣似相依，锦翅双双傍马飞。……懊恼奴家非有恨，年年长忆凤城归。"在唐宋之际，人们认为鹧鸪叫声似说"懊恼奴家"，又解为"行不得也哥哥"[1]。贺铸诗《序》中的"壬戌重九"，乃元丰五年（1082），此时苏轼已身为罪人，被编管在黄州，马盼盼纵对苏轼有千般思念，也是无由相寻，所以只能像鹧鸪一样，叫一声"行不得也哥哥！"诗中的"故时月"和"桂影"，显然是指三四年前苏轼在徐之事。

贺铸在徐州，还有一首《和彭城王生悼歌人盼盼》诗，读来更让人备感凄然：

---

[1] 见宋·赵与虤《娱书堂诗话》卷上。

东园花下记相逢，倩盼偷回一笑浓。

书箴尚缄香豆蔻，镜奁初失玉芙蓉。

歌阑燕子楼前月，魂断凤皇原上钟。

寄语虞卿谩多赋，九泉无路达鱼封。

　　贺铸诗题下原注云："盼盼马氏，善书染。死葬南台，即凤凰原也。生赋诗十篇，因和其一，甲子四月望。"① 甲子即元丰七年（1084），苏轼仍在贬谪之中，年初在黄州，四月正被移往汝州编管，马盼盼之死，正在此时。诗题所说的"王生"，当指子由之婿、彭城人王适，贺铸在徐州多次与他唱和。可惜王适的十首《悼歌人盼盼》已俱佚散，其中详情，无复再现。

　　贺铸在诗里只能自叙与马盼盼的交往，不能明言东坡，但"寄语虞卿谩多赋，九泉无路达鱼封"一语，还是隐约留下了东坡的印记。虞卿为战国名士，曾游说赵孝王合纵抗秦，因救魏有功而被拜相，后来流落逃亡，以著书立说闻名。虞卿之时，根本没有什么"赋"体，所谓"寄语虞卿漫多赋"，恰恰露出了刚在黄州写罢前后《赤壁赋》的东坡先生的身影。"九泉无路达鱼封"一句，哀叹她的痴情已经无由传

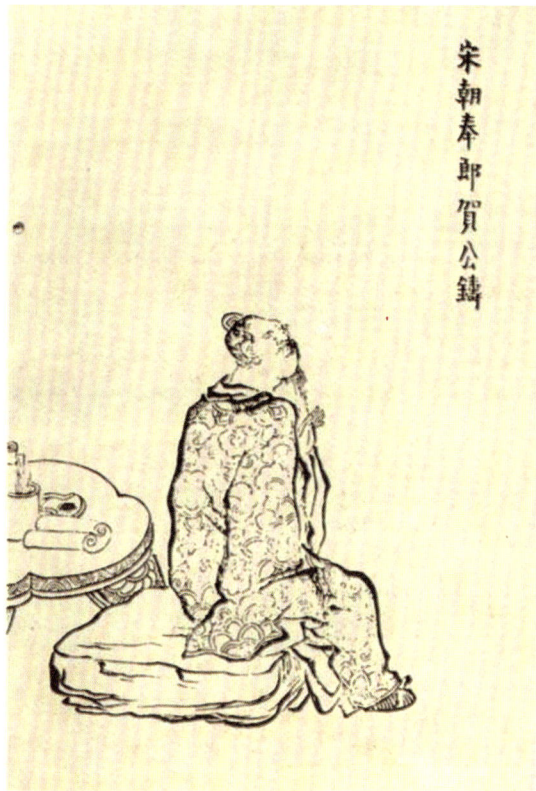

---

　　① 贺铸二诗及序，皆见《全宋诗》，19 册，北京：北京大学出版社 1995 年版。

达，只能让人再三伤悲。

这些诗作表明，马盼盼虽无燕子楼专房，却与关盼盼一样，忧郁而终。

由此我们可以得知，苏轼在徐州另外两首告别佳人的词，应是写给马盼盼的。先请看《江城子·恨别》：

> 天涯流落思无穷。既相逢，却匆匆。
> 携手佳人、和泪折残红。
> 为问东风余几许？春纵在，与谁同！
>
> 隋堤三月水溶溶。背归鸿，去吴中。
> 回望彭城、清泗与淮通。
> 寄我相思千点泪，流不到，楚江东。
>
> ——《江城子·恨别》

"同是天涯沦落人，相逢何必曾相识？"白居易《琵琶行》中的名句，被苏轼转借至此，"既相逢，却匆匆"，表明相处恨短。前人论及此词，便谓"语极沉着，一往情深"[1]；或惊叹"伤别之意，至矣、尽矣！"[2] 还有人认为词的"结语从李后主'恰似一江春水向东流'转出，更进一步"[3]，这些评价足以说明，苏轼对这位徐州佳人情深意挚，已到难舍难分的地步。

再看另外一首《减字木兰花·彭门留别》：

> 玉觞无味，中有佳人千点泪。
> 学道忘忧，一念还成不自由。

---

① 清·陈士棍《云韶集》卷二。
② 明·李廷机《新刻注释草堂诗余评林》。
③ 明·杨慎《草堂诗余》。

如今未见，归去东园花似霰。

一语相开，匹似当初本不来。

别酒无味，犹如啜引佳人眼泪；一念之差，身陷官场，失去了江湖散人的自由之身，无奈之际，只能用"匹似当初本不来"来开导、安慰对方，情之挚、意之切、别之痛、离之哀，无限幽怨尽在其中，可又有谁知道，苏轼这种真情挚意，是为一介官妓而发呢？

徐州人民为表达对苏轼的怀念，专门建造的"苏公塔"

关爱佳丽： 海棠虽好亦题诗

　　乌台诗案是苏轼人生中的一个重要转折点，从世人景仰的风流太守陡然之间成为戴枷受遣的罪犯，牢狱幽囚、编管远荒，偎红依翠的优游生涯结束了，取而代之的是衣食不继和穷困潦倒。此时，贤妻闰之和爱妾朝云已成了他情感生活上的全部慰藉。东坡居士的恻艳之词骤然减少，只有应管辖他的太守、提刑等人之邀，为他们身边的歌儿舞女填词时，才能见到他与官私乐妓们交往的痕迹。

　　黄州太守徐大受是个极会享受的人，每逢重九、端午等节气，便邀东坡饮酒作词，有时还带着官妓私妾，到东坡家中宴饮。徐大受有四名侍妾，分别叫妩卿、庆姬、胜之、懿懿，还有一个没有留下名字的吹笙的私妓。这些佳人个个能歌善舞，东坡给她们一共写过五首《减字木兰花》、一首《西江月》、一首《菩萨蛮》，其中有三首是送给胜之的。这胜之也姓王，自称出身富贵人家，显然是因先人犯了重罪被编入妓籍后，又被徐太守购到身边的。元丰六年（1083）八月，徐大受期满离任，转赴湖南为官，不久病逝于途中。半年之后，苏轼移居汝州，乘船沿江东下，在太平州的当涂（今属安徽）又遇胜之，此时她已被转卖到新主人身边，重修娥眉，欢场赔笑。见到东坡在场，她先是以扇遮面，后便洒泪巾袖，十分凄惨。东坡见此情形，依照前韵，为她又写了一首《西江月》，用徐大受已在"瑶台阆苑"进行宽慰。由此可见，苏轼在流放途中，看到身如飘蓬的歌妓，更是满腹同情。

　　东坡被贬黄州及辗转回朝期间，还有两个女性必须提及：一是黄州官妓李琦，二是好友王巩的侍妾柔奴。

李琦亦被记作李宜，宋人笔记里，曾有如下两则记载：

> 东坡谪居齐安（黄州别称）时，以文笔游戏三昧。齐安乐籍中李宜者，色艺不下他妓。他妓因燕席中有得诗曲者，（李）宜以语讷，不能有所请，人皆咎之。（东）坡将移临汝，于饮饯（别）处，（李）宜哀鸣力请。
>
> （东）坡半酣，笑谓之曰："东坡居士文名久，何事无言及李宜？恰似西川杜工部，海棠虽好不吟诗。"
>
> ——陈岩肖《庚溪诗话》卷下

> 东坡在黄冈，每用官妓侑觞，群姬持纸乞歌诗，不违其意而予之。有李琦者，独未蒙赐。一日有请，（东）坡乘醉书："东坡五载黄州住，何事无言赠李琦？"后句未续。
>
> 移时，乃以"却似城南杜工部，海棠虽好不吟诗"足之，奖饰乃出诸人右。其人自此声价增重，殆类子美（杜甫）诗中黄四娘。
>
> ——周辉《清波杂志》卷五

两则杂记，内容虽然相近，却各有侧重。前篇对李宜不善言辞的性情描述甚为详细，后则对东坡回应的记载，极富戏剧性。一首小诗，对东坡来说，信口便可吟得，然而对一介歌妓来说，能得到他的一番赞扬，立即身价百倍，说不定会因此而改变命运。

柔奴是著名画家王巩（字定国）的侍妾，王巩因与苏轼私交甚好、往来讥讽诗文过多，被贬到岭外宾州（今广西宾阳）监酒税，三年之后才被允许北归。东坡与他相见后，发现王巩神情不减当年，除了自身性情豁达外，身边的柔奴的慰藉起到很大作用。请看苏轼自己的记载：

> 王定国歌儿曰柔奴，姓宇文氏。眉目娟丽，善应对，家世住京师。定国南迁归。余问柔（奴）广南风土，应是不好？柔对

曰："此心安处，便是吾乡。"因为缀词云：

> 常美人间琢玉郎，天教分付点酥娘。
> 自作清歌传皓齿，风起，雪飞炎海变清凉。
>
> 万里归来颜愈少，微笑，时时犹带岭梅香。
> 试问岭南应不好，却道，此心安处是吾乡。
>
> ——《定风波》（并序）

柔奴虽系女流之辈，却能随遇而安，以笑容面对凶险，持有这种心态，南国的炎热也被她的一曲清歌变作清凉之境。东坡不仅将友人的身体康健、容颜年少归功于她，还将其称赞为上苍赐给王巩的最佳伴侣，难怪当时有位自称"皇都风月主人"的名士，在《绿窗新话》里记载说，有了东坡这首词，柔奴便获得"点酥娘"别号，在京城里声名大噪一时。

苏轼自"元祐更化"回朝之后，官位越来越高，生活环境也由漂泊无依变为身置锦衣玉堂，他与当时的达官贵人一样，也在身边添置了三四个侍妾，侑宴歌舞，迎来送往。

吕居仁在《轩渠录》中载道：

> 东坡有歌舞妓数人，每留客，即云："有数个搽粉虞侯，出来祗应。"

有人将苏轼的这种生活境遇放在他早年通判杭州时期[1]，显然欠妥。"虞侯"乃宋代禁军中地位仅次于十将的武官，多在枢密院承办杂务，东坡只有身在翰院时，称身边"祗应"杂事的人为"虞侯"才合情理。"搽粉虞侯"虽是戏语，却也透露，在他眼里，这些侍女颇有地位。

元祐四年（1089）之后，苏轼曾出任杭州、颖州、扬州、定州太守，

---

[1] 颜中其：《苏东坡佚事轶编》，长沙：岳麓书社 1984 年版，第 39 页。

此际他年在五十四至五十九岁之间，历经沧桑的苏轼，身心已达收放自如、随心所欲的地步，即便饮宴之中少不了歌妓，他也不会再动真情，真正地应了早年写的"老来厌逐红裙醉"① 那句诗。不过，他在杭州太守任上与琴操的交往等事，依然值得一提。

吴曾《能改斋漫录》卷十六记载着这件事：

> 杭之西湖，有一倅闲唱（秦）少游《满庭芳》，偶然误举一韵云："画角声断斜阳。"妓琴操在侧云："画角声断谯门，非斜阳也。"倅因戏之曰："尔可改韵否？"琴（操）即改作阳字韵云："山抹微云，天连衰草，画角声断斜阳。暂停征辔，聊共饮离觞。多少蓬莱旧侣，频回首烟霭茫茫。孤村里，寒鸦万点，流水绕低墙。魂伤当此际，轻分罗带，暗解香囊。漫赢得青楼薄幸名狂。此去何时见也，襟袖上空有余香。伤心处，长城望断，灯火已昏黄。"东坡闻而称赏之。后因东坡在西湖，戏琴（操）曰："我作长老，尔试来问。"琴（操）云："何谓湖中景？"东坡答云："秋水共长天一色，落霞与孤鹜齐飞。"琴（操）又云："何谓景中人？"东坡云："裙拖六幅潇湘水，鬓軃巫山一段云。"又云："何谓人中意？"东坡云："惜他杨学士，憋杀鲍参军。"琴（操）又云："如此究竟如何？"东坡云："门前冷落车马稀，老大嫁作商人妇。"琴（操）大悟，即削发为尼。

琴操"削发为尼"，与前面周韶之事颇相类似，此中可能有传闻因素。然而对惯看秋月春风的东坡居士来说，对红尘女子作这种点悟，也在情理之中。像琴操这样的女性，与其浪迹于灯红酒绿之中，毋宁说独伴青灯古佛更有利于修身养性。

后来琴操不幸因病而亡。苏轼闻知这个消息，不仅出资为她修建坟墓，还亲笔为她题写了墓碑，给了她一般风尘女子所无法得到的礼遇。东

---

① 见《正月二十一日病后述古邀往城外寻春》，作于杭州通判时。

坡念旧之情，于此可见一斑。

后来在杭州还有一件事，虽有附会之嫌，但置于东坡身上，却让人觉得可信度依然很高：

灵隐寺僧名了然，恋妓李秀奴，往来日久，衣钵荡尽，秀奴绝之，僧迷恋不已。一夕，了然乘醉而往，秀奴不纳，了然怒击之，随手而毙。事至郡。时苏子瞻治郡，送狱院推勘。于僧臂上见刺字云："但愿生同极乐国，免教今世苦相思。"子瞻见招结，举笔判《踏莎行》词云：

这个秃奴，修行忒煞，
云山顶上空持戒。
一从迷恋玉楼人，鹑衣百结浑无奈。

毒手伤人，花容粉碎，

空空色色今何在？

臂间刺道苦相思，这回还了相思债！

判讫，押赴市曹处斩。

——《尧山堂外纪》卷五十二

故事初见于《事林广记》，像一篇地道的小说，但宋代以来，《绿窗新话》《醉翁谈录》《花草粹编》《草堂诗余续集》《情史》等全都收录，可见人们大都以为，这段公案唯有东坡先生来判，才能大快人心。东坡在当杭州太守时，与灵隐诸寺僧人往来密切，据说他"尝携妓谒大通禅师"惹得大师"愠形于色"，[①] 可见他对佛门之"敬"，也在游戏之间。有了前面诸多同情不幸女子的事项作铺垫，我们坚信，东坡先生若遇到这等情缘既了、即起恶念、杀人至死的佛门败类，定会怒而捉笔，痛数其罪，然后依法将其斩首，以此告慰玉殒香消之魂的。

---

① 宋·惠洪《冷斋夜话》，《苕溪渔隐丛话前集》卷五十七引。

乳燕华屋： 教人梦断瑶台曲

下面我们要解读苏轼那首极为著名的词作《贺新郎》了。这是一篇屡屡让世人为之倾倒，也每每让人形同猜谜的作品，凡细心玩味过的，无不盛赞它"冠绝古今，托意高远"①"别（具）一格"②臻至"咏物妙境"③，甚至是"词骨词品，高绝卓绝"④，苏轼的"风流太守"⑤之誉，也由此词而获得。而词的内容究竟表达什么，到底为谁而作，至少有五六种见解。为弄清原意，必须细读全词：

> 乳燕飞华屋。
>
> 悄无人、桐阴转午，晚凉新浴。
>
> 手弄生绡白团扇，扇手一时似玉。
>
> 渐困倚、孤眠清熟。
>
> 帘外谁来推绣户？枉教人、梦断瑶台曲。
>
> 又却是、风敲竹。
>
> 石榴半吐红巾蹙。
>
> 待浮花、浪蕊都尽，伴君幽独。

---

① 宋·胡仔《苕溪渔隐丛话后集》卷三十九。
② 元·吴师道《吴礼部诗话》。
③ 明·沈际飞《草堂诗余正集》卷六。
④ 清·陈世焜《雪韶集》卷二。
⑤ 宋·杨湜《古今词话》，《苕溪渔隐丛话后集》卷三十九引。

　　　　　　　　秾艳一枝细看取，芳心千重似束。

　　　　　　　　又恐被、秋风惊绿。

　　　　　　　　若待得君来向此，花前对酒不忍触。

　　　　　　　　共粉泪、两簌簌。

　　与苏轼同时稍后的杨湜，说这首词是为杭州官妓秀兰作，上文已经提及；宋人胡仔认为此词"托意高远"，寓有东坡身世之感，而且"怨而不怒，哀而不伤。"① 清人黄蓼园则云"前一阕是写所居之幽僻，次阕又借榴花以比此心蕴结，未获达于朝廷，又恐其年已老也"②，大有屈原《离骚》"老冉冉其将至兮，恐修名之不立"之幽怨。然而苏轼"修名"之立甚早，不能及时归还山林，才是他的最大遗憾，晚年更是屡"达于朝廷"，都因自己再三请求，才放外任。就情调而论，东坡素来喜欢清高淡雅的竹、梅，飘逸出尘的鸾、鹤，怎会以"秾艳"的榴花自喻？东坡晚年见到树木，总是满眼"老叶翳蝉"③"孤城烟树"④，若用榴树自况，也当是苍干如鳞，苔藓满目，怎会自言"扇手一时似玉"？

　　正因为此，近年来才有一种说法，说这首词是"为爱妾朝云作"的，"全词既写女子的孤芳，更是赞美朝云的坚贞品格"⑤。有的著作甚至引用五代人欧阳炯《南乡子》中"石榴花发海南天"为证，将此词定于绍圣二年或三年（1095/1096）初夏"作于惠州"。其实这些都是假设在先，凑泊于后。

　　首先，此词若是写给朝云，则必定写在早年为杭州通判或密州太守时，那时才有"乳燕飞华屋"之喻。东坡被编管黄州时，朝云曾经育过一子，已与乳燕大不相侔；绍圣年间南迁，东坡则以"老云"称之，他们到了惠州，寄居在公共场所合江楼及嘉祐寺内，所谓"落日孤烟知客恨，短

　① 见《苕溪渔隐丛话》后集卷三十九。

　② 见《蓼园词选》。

　③《次韵苏伯固游蜀冈送李孝博奉使岭表》，《苏轼诗集》卷三十五。

　④《吾谪海南子由雷州被命即行了不相知至梧乃闻》，《苏轼诗集》卷四十一。

　⑤ 刘崇德语，见邹同庆、王宗堂：《苏轼词编年校注》，北京：中华书局 2002 年版，第 772 页引。

篱破屋为谁香"①，是其处境之写照，与"华屋"大相径庭。

其次，苏轼写给朝云的诗词，有一个明显的特征，就是"玉骨""雪肌"（详见下篇论述），到了惠州，更是不离"维摩禅语"。而此词不仅了无"禅味"，且与空空色色之幻境大为抵触，"扇手一时似玉"之语，乃描绘少女所用，特别是"秾艳"二字，与晚年朝云全然不符。

再次，也是最重要的一点，欧阳炯平生大都在蜀川为官，从来没去过岭南，他那首《南乡子》中的"石榴花发海南天"乃想象之词，或像时人一样，将某一湖泽或园池称作"海"（古人园林多"穿池运石、为山学海"之举），因为从植物学的角度考察，岭南与海隅，绝少秾艳的石榴花。

石榴在古时又称"安石榴"，晋人张华《博物志》载："陆机与弟（陆）云书曰：'张骞为汉使（在）外国十八年，得涂林安石榴种。'盖自西域来中国也。"石榴自西域引进后，主要生长在黄河、长江流域②，苏轼在杭、苏、密、徐诸州以及在汴京时多次吟咏，到了岭南之后，从未题咏过眼前的榴花。相反，当其表兄程才之寄来水果时，他在惠州回了这样一封信：

> 寄贶酥梨、猫笋、五味煎、榴、枣等北方珍奇，物意两重，感佩无穷。
>
> ——《与程正辅四十七首》之二

若是东坡在岭南见过石榴，并曾借榴花赞美朝云，岂会在此信中说"榴、枣"为"北方珍奇"？

那么，这首词究竟为谁而作、写于何时呢？

其实宋人早就有过说明，请看下面两则史料：

> 陆辰州子逸左丞，农师之孙……公尝谓余曰："曾看东坡

---

① 《正月二十六日偶与数客野步嘉祐僧舍东南野人》，《苏轼诗集》卷三十九。

② 目前山东省枣庄市峄城区、安徽省淮河之畔怀远县、湖南省地处湘西的泸溪县石榴坪乡被权威部门称为"中国石榴之乡"。笔者移居广州后，曾多方寻访岭南的石榴树，所见多为绿叶白花的"番石榴"，与北方安石榴大异其趣。为此请教素有"顺德花木大王"之称的友人何恒先生，得到的回答是："北方的石榴树，很晚才引进广东，可是花、果都不及北方的三分之一，因此既不宜作经济作物，也不宜观赏所用。"

《贺新郎》词否？"余对以世所共歌者，公云："东坡此词，人皆知其为佳，但后撷用榴花事，人少知其意。某尝于晁以道家见东坡真迹，晁氏云：'东坡有妾，名曰朝云、榴花，朝云死于岭外，东坡尝作《西江月》一阕，寓意于梅，所谓"高情已逐晓云空"是也。惟榴花独存，故其词多及之，观"浮花浪蕊都尽，伴君幽独"可见其意矣。'"

——宋·陈鹄《耆旧续闻》卷二

襄见陆辰州，语余以《贺新郎》词用榴花事乃妾名也，退而书其语，今十年矣，亦未尝深考。近观顾景蕃续注，因悟东坡词中用"白团扇""瑶台曲"，皆侍妾故事。按：晋中书令王珉好执白团扇，婢作《白团扇歌》以赠珉。又，《唐逸史》许浑暴卒复悟，作诗云："晓入瑶台露气清，坐中惟见许飞琼。尘心未尽俗缘重，千里下山空月明。"复寝惊起，改第二句，云："昨日梦到瑶池，飞琼令改之，云不欲世间知有我也。"按：《汉武帝内传》所载董双成、许飞琼，皆西王母侍儿，东坡用此事，乃知陆辰州得榴花之事于晁氏为不妄也。

——同上

这里所说的"陆辰州子逸"，是陆游的哥哥陆淞，他的消息源自晁以道，晁以道名为晁冲之，是苏轼门徒晁补之的堂弟。苏轼自述元祐年间曾"家有数妾"[1]，在此同时，他向朝廷举荐晁说之"文章典丽""可备著述"[2]。元祐四年（1089）夏天，苏轼出任杭州太守，曾在宿州（今安徽宿县）停留，专门会晤在那里当州学教授的晁说之，元祐八年（1093）回朝任礼部尚书时，又与晁说之交往频繁，还给他写过《书晁说之考牧牛图》[3]。晁以道既然出入苏门，必知道东坡侍妾的名字，因此，他说《贺新郎》词是写给侍妾榴花的，毋庸置疑。在上面文字中，晁以道说"朝云死于岭外……惟榴花独存"，是指东坡去世后榴花还健在于世，并没有说她

---

[1] 见《朝云诗引》，下文将详细谈及。
[2] 晁公祖《题嵩阳景迂生文集后》，见《嵩山文集》附录。
[3] 详参孔凡礼：《苏轼年谱》，北京：中华书局1998年版，第880页、1085页。

与朝云一道陪伴东坡南迁的意思。

晁说之在谈这首词时，还提到另一首词《南歌子》，也是东坡写给榴花的，兹将该词迻录如下：

> 紫陌寻春去，红尘拂面来。
> 无人不道看花回，
> 惟见石榴新蕊一枝开。
>
> 冰簟堆云髻，金樽滟玉醅。
> 绿阴青子莫相催，
> 留取红巾千点照池台。

唐人刘禹锡在《元和十一年自朗州召至京，戏赠看花诸君子》里说："紫陌红尘拂面来，无人不道看花回。"由此可知东坡的"紫陌寻春去，红尘拂面来"作于汴京。词中"石榴新蕊一枝开"，"留取红巾千点照池台"两句，与《贺新郎》中的"石榴半吐红巾蹙。待浮花浪蕊都尽，伴君幽独。秾艳一枝细看取，芳心千重似束"情景相似；"绿阴青子莫相催"反用杜牧"狂风落尽深红蕊，绿叶成阴子满枝"（《怅诗》）诗意，表示榴花韶光方至，无须心急，与《贺新郎》中"恐被秋风惊绿"相映成趣；至于"冰簟""金樽"，则是"华屋"中的具体器物，由此足以说明，两首词写于同一时期，"乳燕"非榴花莫属。

苏轼在当翰林学士时，曾写过一些"应制诗"，其中《皇太妃阁五首》作于元祐二年（1087）端午：

> 雨细方梅夏，风高已麦秋。
> 应怜百花尽，绿叶暗红榴。
> ——《端午帖子词·皇太妃阁五首》其二

　　这里再一次出现仲夏时分、绿叶掩映中的红色石榴。诗人题咏花木，虽有应景之说，然胸中若无积郁，定不会在笔下突然泛出。东坡之所以于元祐二年夏天对石榴如此注意、反复吟咏，因由即在此时身边添了个如花盛开、秾艳无比、却又娇小玲珑的侍妾——榴花。"紫陌寻春去，红尘拂面来。无人不道看花回，惟见石榴新蕊一枝开"，根本就不是"写一女子于暮春时节寻春"①。姑且以诗代叙：

　　　　石榴花开盛夏也，再去寻春岂不呆？
　　　　紫陌红尘去"看花"——群芳之内选侍妾！

　　有了这样的认识，《贺新郎》一词从词牌到内容，一切迎刃而解。只因刚纳一个小妾，东坡才中意《贺新郎》之调；而这娇小的"乳燕"十分娇羞，让他不忍心早去摧折，每当"悄无人、桐阴转午"，或者"晚凉新浴"时（请注意：桐阴、晚凉已是夏秋之季，去春更远，"午"与"晚"又是两个时辰，并非眼前一时所遇），他的心中又禁不住要泛起一阵阵本能的冲动，正要拥着美人入怀，却又被外界声响惊退——"帘外谁来推绣户，枉教人、梦断瑶台曲"，将词人意马心猿，时诧时惊的心理刻画得惟妙惟肖，"又却是、风敲竹"，又将心旌摇曳时的凄惶不安表述得淋漓尽致……

　　下阕词意无须深解，凡有两性经验的成年男女，自可在其间体会到两性相悦之趣。笔者在此之所以细加"导读"，旨在告诫那些动辄就在情诗柔词里寻找什么"微言大义"、忠君爱国，以及"赞美"某人"坚贞品格"的人，要披情入境、设身处地，既把东坡居士视作伟人，也要将他"还俗"——他是个有血有肉，有情有欲，时勇时怯，诡谲狡狯，戏呆愚痴的风流才子……唯有回到凡人情态，才能看到东坡身上生来与俱的高妙与卑微。

---

① 邹同庆、王宗堂：《苏轼词编年校注》，北京：中华书局2002年版，第853页。

手种桃李： 晚晴台榭增明媚

东坡元祐年间"家有数妾"，除了榴花之外，还有一个名为"碧桃"，这种推测源自他的一首绝句：

> 鄱阳湖上都昌县，灯火楼台一万家。
>
> 水隔南山人不渡，东风吹老碧桃花。
>
> ——《过都昌》，《苏轼诗集》卷四十八

清人王文诰在《苏诗总案》里说：衡山人王泉之做过都昌县令，在他所见到的《都昌县志》里，记载着东坡被贬岭南时路过都昌，曾将一个名叫"碧桃"的侍妾留在那里，并题留这首小诗。

东坡在《朝云诗》的引子里说：

> 余家有数妾，四五年（间）相继辞去，独朝云者随余南迁。

所谓"辞去"，可以是侍妾自己请辞，也可由主人决定将她遣返、辞退，"华屋"无存，"金笼"不再，理应放那些"乳燕"分飞。

按此方式推测，东坡还有一个侍妾，应叫"红杏"，因为他早年写的《自普照游二庵》诗说："不如西湖饮美酒，红杏碧桃香覆髻。"从自己诗作中选取最值得留恋的字词为侍妾命名，这是文人雅士的习俗之一。

也许读者会以为，这种推论近乎猜测，不足为信。可巧合就在于，苏轼曾有一首《如梦令》，题曰《春思》，意境与前面所见的两首"榴花词"

十分相近，偏偏是写他曾种植（添置）"桃"和"李"：

> 手种堂前桃李，无限绿阴青子。
> 帘外百舌儿，惊起五更春睡。
> 居士，居士，莫忘小桥流水。

"无限绿阴青子"，与前面的"绿阴青子莫相催""又恐被秋风惊绿"可谓相映成趣。东坡还有一首《虞美人》，更是直言"桃李初红破"：

> 深深庭院清明过，
> 桃李初红破。
> 柳丝搭在玉栏干，
> 帘外潇潇微雨、做轻寒。
>
> 晚晴台榭增明媚，
> 已拼花前醉。
> 更阑人静月侵廊，
> 独自行来行去、好思量。

"晚晴"二字，是李商隐的诗篇，因"天意怜幽草，人间重晚晴"而得名，这句诗意远远高于"夕阳无限好，只是近黄昏"，凸显诗人的积极心态。东坡这里的"晚晴台榭增明媚"，说得直白一点，就是年近花甲之名士，在"华屋"周围添加几道亮丽。好一个"更阑人静月侵廊，独自行来行去、好思量"，与《榴花词》中"花前对酒不忍触"、《南歌子》中"留取红巾千点照池台"同一意趣。喜爱东坡的人，生怕这种有涉"恣衆"的词会玷污心目中的偶像，于是千方百计说这是别人写的，实乃不敢正视东坡的多面之姿。苏轼就是这样的人，心中有何情思，举止几多彳亍，一概行诸笔端，只是文辞狡狯，性情稍有阻隔，即为此翁所愚。

再举一阕《木兰花令》（又作《玉楼春》），为东坡元祐七年（1092）

赴扬州太守任时，写于泗州临淮郡：

> 高平四面开雄垒，三月风光初觉媚。
> 园中桃李使君家，城上亭台游客醉。
>
> 歌翻杨柳金尊沸，饮散凭阑无限意。
> 云深不见玉关遥，草细山重残照里。

"园中桃李使君家"，所谓使君，正指东坡本人。宋时泗州属于淮南东路，扬州又是两淮首府，身为扬州太守的苏轼，在自己的辖境内，不会将从汉代就开始调笑罗敷之类美女的"使君"雅号谦送他人。"云深不见玉关遥"，暗示"老云"（东坡晚年称朝云语）没有随他们离船暂游，"草细山重残照里"的"草"，极有可能是另一个侍妾的名字，诸如瑶草、春草（白居易的侍妾）之类。

更有一首《浣溪沙》，题为"春情"，东坡在里面，再次同时说到"桃""李"和"草""云"：

> 桃李溪边驻画轮，
> 鹧鸪声里倒清尊。
> 夕阳虽好近黄昏。
>
> 香在衣裳妆在臂，
> 水连芳草月连云。
> 几人归去不销魂？

有人说这首词是作者六十二岁作于惠州贬所，实为臆断。"画轮"便是官人的豪华彩车，"鹧鸪声里"又是娇啼"哥哥行不得也"，"夕阳虽好近黄昏"，说明虽然岁月垂垂老矣，仍在夕阳尚"好"之时，这种情境，正是东坡元祐年间（五十一至五十八岁）心态的写照。最妙的还是"水连芳草月连云"这句，其中的"云"字乃暗指朝云，后者在惠州时，每当唱到《蝶恋花》中的"枝上柳绵吹又少，天涯何处无芳草"时，都要潸然落泪，其中的原因除了替苏轼感伤天涯沦落之悲，恐怕与她们姐妹天各一方、生死难卜也不无关系。

再举东坡《占春芳》上阕，作为旁证：

> 红杏了，天桃尽，独自占春芳。
> 不比人间兰麝，自然透骨生香。

"天桃"来自《诗经》里"桃之夭夭，灼灼其华"，色泽与"榴花"一般"秾艳"，"透骨生香"乃朝云特有的体质。红杏不在、碧桃已去，独有"透骨生香"的朝云"独自占春芳"，这正是东坡晚年在岭南惠州时的生活情形。有人说此词作于早年杭州通判时期，殊不知《占春芳》乃东坡自度曲调，初学填词，便会度曲，那苏轼自谓不甚精通音律之说，便是空穴来风了。

当然，严谨的学者们从现存的《都昌县志》里查不出"碧桃"二字，便称研苏造诣极深的王文诰所持"无据"，上述披文阅情、类于猜谜的"如是"推测，更会有人以"无据"一言以蔽之。

然而东坡本身就有许多谜，他在诗文中总是不停地造谜。

2005 年夏天，笔者在广东省西部阳西县，偶然听说有个"坡尾村"，村头有数十棵古老的荔枝树。传说东坡被贬海南时，有个惠州侍妾，一直追到这里，东坡无奈，只好留下自己的书童，改叫苏某，与之结俪，并一同种下数十棵荔枝树。笔者迅急驱车前往，果然见到路旁不远，老荔树沧桑斑驳，形近千载，村里还有不少姓苏的后代，一说此事便喜形于色……目睹其树，耳闻此事，笔者随即请来当地"太守"，将那些古树列为地市级重点文物，严加保护，然后有诗叹曰：

> 千载老坡说不尽，风流何必皆实据？
> 果须有据再风流，天台阆苑皆无趣。

朝云篇

东坡先生侍妾曰朝云，字子霞，姓王氏，钱塘人。敏而好义，事先生二十有三年，忠敬若一。绍圣三年七月壬辰，卒于惠州，年三十四。八月庚申，葬之丰湖之上栖禅山寺之东南，生子遁，未期而夭。

仙子初降： 一朵彩云下巫峰

东坡先生侍妾曰朝云，字子霞，姓王氏，钱塘人。敏而好义，事先生二十有三年，忠敬若一。绍圣三年七月壬辰，卒于惠州，年三十四。八月庚申，葬之丰湖之上栖禅山寺之东南。生子遁，未期而夭。盖常从比丘尼义冲学佛法，亦粗识大意。且死，诵《金刚经》四句偈以绝。

——《朝云墓志铭》，《苏轼文集》卷七十五

这是东坡先生在其侍妾朝云病故于惠州后，对她一生所做的简要概括。绍圣三年为1096年，由于古人计龄多数虚岁，我们上溯三十三年，知道朝云生于1063年，也即宋仁宗嘉祐八年。从她"事先生二十有三年"推算，可知朝云于宋神宗熙宁六年（1073）来到身为杭州通判的苏轼身边，当时虚龄十一岁。

苏轼说朝云姓王，钱塘人，但在他的现存诗文中找不到任何有关朝云家人的记载，可见她是个孤儿，自小便被卖到青楼之中。

据孔凡礼先生《苏轼年谱》载："《燕石斋补》谓朝云乃名妓，苏轼爱幸

之，纳为常侍。"① 十一岁的女孩子，用"名妓"称之当属过分，然这多少透露出朝云的出身与杭州某一著名妓馆有关。

"朝云"这个名字，不管是她原来的称呼，还是苏轼后来给她取的，都与风尘女子脱不了干系。她的芳名，便来自宋玉的《高唐赋》：

> 昔者楚襄王与宋玉游于云梦之台，望高唐之观，其上独有云气，崒兮直上，忽兮改容，须臾之间，变化无穷。王问玉曰："此何气也？"玉对曰："所谓朝云者也。"王曰："何谓朝云？"玉曰："昔者先王尝游高唐，怠而昼寝，梦见一妇人曰：'妾巫山之女也。为高唐之客，闻君游高唐，愿荐枕席。'王因幸之，去而辞曰：'妾在巫山之阳，高丘之阻，旦为朝云，暮为行雨，朝朝暮暮，阳台之下。'旦朝视之，如言，故为立庙，号曰朝云。"

宋玉此赋流传极广，魏晋以来，凡言及男女幽欢之事，总要用"旦为朝云，暮为行雨，朝朝暮暮，阳台之下"之词，梁武帝萧衍和他的词臣沈约，都专门写过《朝云曲》②。这个故事，后来被浓缩成"巫山云雨"四字，屡屡出现在唐五代吟咏情爱之事的诗词里：

> 一枝红艳露凝霜，云雨巫山枉断肠。
> ——李白《清平调》三首之二

> 目断巫山云雨，空教残梦依依。
> ——和凝《何满子》

苏轼诗文中第一次提及高唐神女，是他考中进士、回眉山给母亲守丧期满，与父亲和弟弟带着举家老小沿江而下，行经巫峡之时。看到峡江两

---

① 孔凡礼：《苏轼年谱》，北京：中华书局1998年版，第286页。
② 见逯钦立《先秦汉魏晋南北朝诗》之《梁诗》卷一、卷六。

岸云雾间的崇山峻岭，尤其是见到神女庙等后人建造的胜迹，他与苏辙乘兴作诗，盛赞造化的神奇和传说的美丽。除了"上帝降瑶姬，来处荆巫间"① 的感叹外，还有这样六句，值得我们注意：

> 遥观神女石，绰约诚有以。
> 俯首见斜鬟，拖霞弄修帔。
> 人心随物改，远觉含深意。
>
> ——《巫山》，《苏轼诗集》卷一

从这几句诗里，我们似乎能发现"朝云，字子霞"的奥秘。长年屹立在巫山上的那块神女石，并没有什么衣饰，可苏轼却见到她"俯首"低头，鬟髻斜坠，身上还拖着长长"霞帔"，这意味着苏轼在看神女峰时，正值朝霞初现；要不然，就是当时他心中产生了神女身着霞帔的幻觉。如果将他的诗句与苏辙同时写下的《巫山庙》对比观看，更是大异其趣：弟弟在诗中歌颂"神仙洁清非世人"，她来自"西方真人古王母"，最后以"神君尊贵岂待我，再拜长跪神所劳"结束，主动拉远了自己与神女的距离；而哥哥不仅见到神女在向自己俯首，还用"人心随物改，远觉含深意"之句，表明他感觉到神女在向自己垂青，仿佛他就是楚襄王再世，神女正向他脉脉传情达意。难怪后来他得到朝云，便在词中每每以楚襄王自喻：

> 今夜巫山真个好，花未落，酒新篘。
>
> ——《江城子》

> 间离阻，谁念萦损襄王，何曾梦云雨。
>
> ——《祝英台近·惜别》

---

① 《神女庙》，《苏轼诗集》卷一。

云鬟裁新绿，霞衣曳晓红。

待歌凝立翠筵中。

一朵彩云、何事下巫峰？

——《南歌子》

嫩脸羞蛾，因甚化作行云，却返巫阳？

但有寒灯孤枕，皓月空床。

——《雨中花慢》

这些都是苏轼的情爱之词，其中的《南歌子》和《雨中花慢》，可以确定是写给朝云的。《南歌子》写在朝云生前，其中的"霞衣曳晓红"，正是早年《巫山》诗中"拖霞弄修帔"的再现；而《雨中花慢》则是朝云于惠州病逝之后，东坡所作的哀悼之词，"行云"返回"巫阳"，正是"襄王"永别"神女"。

苏轼最喜爱的学生秦观在赞美朝云时，曾用"溶溶媚晓光"与苏轼《巫山》中的"拖霞弄修帔"相对，似乎也有这段往事的影子。在那首词里，秦观毫无掩饰，用"襄王"直称自己的恩师：

霭霭迷春态，溶溶媚晓光。

不应容易下巫阳。

只恐翰林前世、是襄王。

——秦观《南歌子》

苏门另一位弟子黄庭坚，也曾在词中赞道：

风流，贤太守。能笼翠羽，宜醉金钗。

知恩否，朝云暮雨，还向梦中来。

——黄庭坚《满庭芳》

东坡晚年被贬岭南，众姬散去，独有朝云伴他南行。刚到惠州，东坡便写下《朝云诗》，其中说道：

> 经卷药炉新活计，舞衫歌扇旧因缘。
>
> 丹成逐我三山去，不作巫阳云雨仙。

好一个"旧因缘"，朝云在岭南与东坡同道，炼丹、参禅，不再停滞于"巫阳云雨仙"的浪漫境界。由此可见，苏轼早年之所以喜欢年纪幼小的朝云，是从她身上发现了某种曾在自己幻觉中出现的气质，那是一种前缘的呼唤和绰约神女的启迪，由此我们认为，"朝云"这个名字，应是苏轼根据早年在巫峡时的朦胧幻境，特意为她所取。

既然朝云父母不知何在，那么她本名叫什么，有个什么姓氏，一切都是疑问。唐宋时期，青楼所蓄女孩，人人都有个花枝招展的艺名，至于姓氏，大都随着"假母"：

> 妓之母多假母也，亦妓之衰退者为之。诸女自幼丐，有或佣其下里贫家。常有不调之徒，潜为渔猎，亦有良家子为其家聘之，以转求厚赂。误陷其中，则无以自脱。初教之歌令，而责之甚急，微涉退怠，则鞭朴备至。皆冒假母姓，呼以女弟女兄为之行第，率不在三旬之内。
>
> ——唐·孙棨《北里志》卷一《平康里序》

> 妓之母皆假母也。（原注：京师俗呼为"爆炭"，不知其因，意者以难姑息故耳）。亦妓，色苍狡悍者为之。诸女自幼丐育，或佣雇也，其下俚贫家，常有无谓之徒，潜为渔猎，亦有良家子为其家聘之，后以转求厚赂，误缠其中，则无以自脱。粗教之歌，令而卖之。其日赋甚急，微涉退怠，鞭扑备至。年及十二三者，盛饰衣眼，即为娱宾之备矣。皆用假母姓，从便呼以女弟女兄，为之第行。
>
> ——宋·罗烨《醉翁谈录》卷七《序妓子母所自》

由此可知，朝云即便原来有姓，也是"假母"之姓，后来她之所以姓"王"，既与宋玉《高唐赋》中"王曰……朝云"深有关联，也跟她的主母、苏轼夫人闰之姓王有关。

"侍妾"是古人对贴身女性的称呼，她不仅要为男主人宽衣侍寝，同时也是女主人的使唤丫鬟。年纪幼小的朝云刚进苏家时，也应扮演这种角色。关于此事，也可在苏家老一辈人里找到先例：

苏轼母亲程夫人身边有两个伺候她和孩子的女人，一个是给苏轼哺乳的任奶妈，另一个是喂养苏辙的杨氏。苏轼在《保母杨氏墓志铭》里曾说：

> 先夫人之妾杨氏，名金蝉，眉山人。年三十，始隶苏氏，颓然顺善也。为弟辙子由保母。

所谓"先夫人之妾"，即自己母亲程夫人的侍妾。据此可知，朝云十一岁时被苏轼从青楼里赎回来，一开始也应放在妻子身边，闰之那时刚生下小儿子苏过，正需要女孩子来伺候。闰之与朝云相处极好，除了闰之的厚道、大度外，朝云的恭顺、乖巧、自幼相侍，也是一个重要原因。

宋代对侍妾的地位有着严格的规定，不管主人对她如何宠爱，决不可超越家庭主妇的位置，如果有谁给侍妾以夫人待遇，将受到朝廷的追究。尽管苏轼十分喜爱朝云，晚年在岭南更是相依为命，可他在朋友之间，从来都称朝云是"侍者""女使"，即便在最好的朋友面前，也仅用"老云"呼之[1]。有人把朝云也称作苏轼"夫人"，有人甚至通过苏轼赠诗的多少来替朝云争取"夫人身份"[2]，都是不合情理的。

依照宋代常例，苏轼在汴京为官时，家中应有女佣。可他到杭州之后，见到张先已过八十五岁，还张罗着购置"莺莺、燕燕"，另一位老者刁景纯年至耄耋，也有"藏春坞"蓄红储翠，于是他在《赠张刁二老》诗

---

① 引文分别见苏轼《与章质夫三首》第三简、《与林天和长官》第十四简，及《与陈季常》第十六简。

② 钟来茵：《苏东坡三部曲》，上海：文汇出版社 1999 年版，第 1 页。

里，发出过"惟有诗人被磨折，金钗零落不成行"的喟叹，又在另一首诗里称闰之为亲自舂粮的"老孟光"（见前《闰之篇》）。显而易见，他将家中原有的女佣辞掉了，才造成"金钗零落不成行"、妻子需要干粗活的局面。朝云的到来，多少补足了家中"金钗"的位置。

回文香笺： 读遍千回与万回

由于朝云来到苏轼身边时年纪尚小，学者们解读《朝云墓志铭》时，总愿将"事先生二十有三年"按虚龄计，这样一来，朝云的到来便成了熙宁七年（1074），年纪就大了一点，已达十二岁①。

然而这与事实相悖。我们在熙宁六年（1073）苏轼与太守陈襄的唱和中，已经见到朝云的影子：

> 江潮带月来云外，天籁和琴历耳傍。
> 小妓不知君倦起，歌眉犹作远山长。②

这年九九重阳节前夕，太守陈襄召苏轼登高吟诗，后者以身体不适为由婉言谢辞，陈襄便用此诗来调侃他，诗中那个擅长唱歌、颇会装扮的"小妓"，显然就是朝云，"江潮带月来云外"中，已经暗寓"朝云"二字。

熙宁六年年底至次年夏天，苏轼奉命去苏、常、润、秀四州赈灾济民，途中不停地给陈襄寄诗。在互相唱酬之中，朝云仍是他们不断谈及的话题：

> 草长江南莺乱飞，年来事事与心违。
> 花开后院还空落，燕入华堂怪未归。
> ——《常润道中有怀钱塘，寄述古五首》之二

---

① 孔凡礼：《苏轼年谱》，北京：中华书局1998年版，第286页。
② 见《苏轼诗集》第504页查慎行注引，《全宋诗》第八册《陈襄卷》失收。

这一组诗写于熙宁七年（1074）春天，苏轼离开杭州已有三四个月。"花开后院"即指后室里已经贮有佳人，"燕入华堂"更是"乳燕飞华屋"句的先兆，如若不是东坡友人晁以道凿凿确指《榴花词》系为另一位侍妾所作，而东坡又有"紫陌红尘"寻榴花之句，那么"燕入华堂"便可与苏轼在密州所写"榴花开一枝"（《西斋》）一起，作为《贺新郎》写在密州，献给朝云的有力证据。

"燕入华堂怪未归"中的"怪"字，并非诗人固作多情之词，而是指新年伊始，苏轼在常州附近，曾接到小小朝云的一封来信。年仅十二、"始小识字"的朝云，曾用"织锦回文"的方式向苏轼表达了自己别后相思之情。请看苏轼写于此际的《减字木兰花》，题为《得书》：

晓来风细，不会鹊声来报喜。
却羡寒梅，先觉春风一夜来。

香笺一纸，写尽回纹机上意。
欲卷重开，读遍千回与万回。

熙宁七年（1074）正月初二立春，"却羡寒梅，先觉春风一夜来"一句，表明苏轼在大年初一的早上，先是听到喜鹊叫声，接着就收到书信，书信的内容让他大喜过望：绵绵情意流淌在"香笺"之上，大有唐代名妓薛涛那种"小资"情调，这种方式，决不会出自朴实无华的闰之之手。①

苏轼在后来的《悼朝云》诗之《引》里曾说："朝云始不识字，晚忽学书，粗有楷法。"朝云十一岁之前，在妓院里主要学习唱歌跳舞、演奏器乐、烹茶待客等技艺，在文墨上并不精通。"晚忽学书"，指她后来忽然对书法产生了兴趣。既学书法，就表明她已通文墨，也说明她到了苏轼身边才开始学习认字，正因初学识字，无法用流畅的语言表达情感，才要连

---

① 不少学者将这首词定为苏轼写给闰之的，见薛瑞生：《东坡词编年笺证》，西安：三秦出版社1998年版，第55页；邹同庆、王宗堂：《苏轼词编年校注》，北京：中华书局2002年版，第48页。

写加画，写出这种"图文并茂"的"回文诗"。

"香笺一纸，写尽回纹机上意"，用的是窦滔之妻苏蕙，在锦上织成回文诗，寄与丈夫的典故。① 表面看来，寄这类信的人应该是妻子，可在苏轼的文字记载中，从未有过闰之识字、给他写过信的记载，作为两个孩子的母亲，她更没有做"回文"游戏的情致。

最重要的是，苏轼在给陈襄的诗中，在谈到"花开后院"和"燕入华堂怪未归"之后，又曾专门提及"回文"书信：

> 浮玉山头日日风，涌金门外已春融。
>
> 二年鱼鸟浑相识，三月莺花付与公。
>
> 剩看新翻眉倒晕，未应泣别脸消红。
>
> 何人织得相思字，寄与江边北向鸿。
>
> ——《常润道中有怀钱塘，寄述古五首》之三

"何人织得相思字，寄与江边北向鸿"，即指那封来自杭州的"回文锦书"。"浮玉山"即是润州（今江苏镇江）"江边"的金山（苏轼在浮玉山后自注："即金山也"），诗的前面两联，皆用"由我及你"方式，分别述说他与陈襄的两地情形，后四句则专指自己。

有关"剩看新翻眉倒晕"一句，王尧卿注曰：

> 当时新翻眉样，谓"倒晕"，在横云却月、远山蛾眉之外，先生尝有诗云："倒晕连眉秀岭浮。"
>
> ——《苏轼诗集》第 554 页引

王尧卿所引诗句，出现在苏轼后来在徐州所作的《次韵答舒教授观余所藏墨》中，"倒晕连眉秀岭浮"之后，便是"双鸦画鬓香云委"，前面更有"列屋闲居清且美"之句，都是描写美人弄妆的情致，这种极为时髦

---

① 事见《晋书》卷九《列女传》之"窦滔妻苏氏"。

的画眉方式，应属歌儿舞妓所钟爱，决非闺之"夫人"之辈所宜。

苏轼后来还有一首诗，题为《牡丹和韵》，再次提到"倒晕"：

> 光风为花好，奕奕弄清温。
> 撩理莺情趣，留连蝶梦魂。
> 饮酣浮倒晕，舞倦怯新翻。
> 水竹傍边意，明红似故园。

这首诗表面吟咏牡丹，意在赞美形同牡丹的歌舞佳人，"撩莺""留蝶""舞倦"等字，均为描写歌女之词。

以上诸项足以证明，熙宁七年（1074）初春寄到苏轼手中的"回文锦书"，绝非出自夫人闺之之手，而是小小侍妾朝云所作。苏轼在《减字木兰花》词中借用苏蕙回文之典，恰恰说明他对这位年纪尚小便已情窦初开的少女不仅心存爱恋，也有纳房梳理之意；词的最后一句"欲卷重开，读遍千回与万回"，昭示他对这封信的珍惜，已达爱不释手的程度。

究竟这个小小歌妓，除了能歌善舞和身上有"巫山神女"的"霞衣曳晓红"的特质外，还有什么让苏轼十分怜爱的地方呢？

让我们在下文分头说起。

拨弄幺弦： 未解将心指下传

"江潮带月来云外，天籁和琴历耳傍。"我们在述说陈襄调侃苏轼初得"小妓"时，已经列举此诗。"天籁和琴"四个字，表明朝云不仅会唱歌，而且会拨弄器乐。在宋代，像杭州这样历历歌舞、处处管弦的地方，身为歌妓，多少都要精通一点乐器，尤其是琵琶和胡琴，这是从西域传来的新东西，就像眼下年轻人手中的吉他、电贝斯一样时髦。

有史料表明，朝云会弹琵琶，而且弹得很好。苏轼的大弟子黄庭坚后来在一首诗中写道：

> 尽是向来行乐事，每见琵琶忆朝云。
> ——《和曹子方杂言》，载《宋诗钞·山谷诗抄》

曹子方名叫曹辅，苏轼曾称他为"儒侠"。元祐三年（1088）东坡在翰林学士任上，与黄庭坚往来唱和极多，曹辅时常预身其中。友朋私会之际，苏轼让爱妾朝云出来，亲自为他们弹奏一曲琵琶，那是特别荣耀的事情，"每见琵琶忆朝云"，可见黄庭坚对朝云的琵琶技艺记忆尤深。

说到这儿，我们就可以细谈苏轼的《减字木兰花·赠小鬟琵琶》了：

> 琵琶绝艺，年纪都来十一二。
> 拨弄幺弦，未解将心指下传。
>
> 主人嗔小，欲向东风先醉倒。
> 已属君家，且更从容等待他。

有的学者将这首词定为东坡贬谪岭南之后的作品①，显然他们没有读过黄庭坚的诗，也忘记了朝云到苏轼身边恰好"年纪都来（算来）十一二"。"小鬟"是"小丫鬟"的简称，年仅十一二岁，是"主人嗔小"的原因，"已属君家，且更从容等待他（她）"，应是太守陈襄一类朋友的劝慰之语。所谓"琵琶绝艺"，只是说这"小鬟"表面上看去指法娴熟，"未解将心指下传"，则指明她尚不能在曲调之中寄托自己的心曲。

既然这篇小词作于初收朝云之时，那么苏轼另一篇题为《琵琶女》的《诉衷情》，便是后来朝云与他相伴时的场景实录：

> 小莲初上琵琶弦，弹破碧云天。
> 分明绣阁幽恨，都向曲中传。
>
> 肤莹玉，鬓梳蝉，绮窗前。
> 素娥今夜，故故随人，似斗婵娟。

这是一首月夜琵琶曲。"肤莹玉"是"冰肤玉肌"的初现，这是朝云的体貌特征之一（详见下文）。"鬓梳蝉"，则是"小鬟"的另一种描写方法。"小莲"二字，暗融"小小人儿惹人爱怜"之意。苏轼学词之师张先有首《系裙腰》词，专咏男女之情，其中就有这样两句：

> 东池始有荷新绿，尚小如钱。
> 问何日藕、几时莲？

"藕"谐"偶"，"莲"寓"连"，意思特别明显，便是问询何时才能收房宠幸。张先这词，好似专为苏轼《诉衷情》所下的引子。再看张先写于杭州的一首《菩萨蛮》：

---

① 邹同庆、王宗堂：《苏轼词编年校注》，北京：中华书局 2002 年版，第 791 页。

娟娟缺月西南落，相思拨断琵琶索。

枕泪梦魂中，觉来眉晕重。

画堂堆烛泪，长笛吹新水。

醉客各西东，应思陈孟公。

结尾的"陈孟公"指喜爱喝酒、偕妓宴游的杭州太守陈襄，词下原有小注："代妓送陈述古"，表明作于熙宁七年（1074）陈襄离任之时。既然陈太守在前头的诗里直呼朝云为"小妓"，那么在送别酒宴上，他要求苏轼代那"小妓"写首词送他，乃在情理之中。因此，这里"拨断琵琶索"的"妓"就是朝云。由于陈襄与苏轼关系十分融洽，对朝云的来龙去脉都很清楚，苏轼在"拨断"琴弦之后，复用"相思""应思"等词语与他调侃，也不为过分。

陈襄离任不久，苏轼升任密州太守，于熙宁七年（1074）十月抵达润州，并在多景楼上与孙巨源相遇，二人宴席之中，再次聆听琵琶，苏轼为此写下一首《采桑子》：

多情多感仍多病，多景楼中。

樽酒相逢，乐事回头一笑空。

停杯且听琵琶语，细捻轻拢。

醉脸春融，斜照江天一抹红。

这位"细捻轻拢"的琵琶女，依然有朝云的影子。在此期间，苏轼还曾蓄有一个善于演奏胡琴的婢女①，可见他对当时西域传来的乐器一直非常喜爱。

苏轼平生词作中，有五首写到琵琶，全与朝云有关。最后一首于绍圣

---

① 见苏轼在黄州所作《与蔡景繁》书："朐山（今江苏连云港）临海石室，信如所谕。前某尝携家一游，时家有胡琴婢。"

四年（1097）作于岭南，当时循州太守周彦质任满回朝，特意绕道惠州，看望东坡，身边还带着个善弹琵琶的七岁女童。苏轼听那女童弹奏之后，写下《虞美人·琵琶》，词的下阕为：

> 断弦试问谁能晓？
> 七岁文姬小。
> 试教弹作辊雷声，
> 应有开元遗老、泪纵横。

"开元遗老"乃苏轼自喻，他这位"元祐老臣"，看到小童在弹琵琶，忍不住老泪纵横，原因在于自小便与他朝夕伴随的朝云已在一年前病逝。若不是悲思故人，这么小的女童，任凭她的演奏技艺如何高超，也不会让他潸然泪下的。

或许，来自惠州朝云栖息地的一则古老传说，可以帮助我们理解，东坡先生为什么看到少女演奏琵琶便会"泪纵横"：

> 朝云仙逝以后好长一段时间，人们经常见到一个身穿长裙、手抱琵琶的女子在墓地松林下踯躅徘徊，时而翩翩起舞，时而用纤纤十指弹奏琵琶，那萧瑟凄婉的声调，如怨如慕，如泣如诉，令人听之肝肠寸断，暗自凄然。因之，朝云墓也叫还魂地，六如亭又叫还魂亭。[①]

---

① 李展强：《苏东坡侍妾王朝云》，北京：中国文联出版社 2002 年版，第 2 页。

擅烹名茶： 从来佳茗似佳人

苏轼酒量不大，在杭州当通判时，常因陪人喝酒而身心交瘁，因此他曾将杭州官场戏称为"酒食地狱"①。为了冲减酒力，便要多喝浓茶，因此饮茶、煮茶便成了他的另一乐趣。他在《和钱安道寄惠建茶》诗中写道："我官于南今几时，尝尽溪茶与山茗。"为了煮茶、煎茗，他曾专门寻找虎跑泉水、汲取江中清泠的活水，并写下著名的《汲江煎茶》诗。南宋诗人杨万里在欣赏这首茶诗时说：

> 东坡《煎茶》诗云："活水还将活火烹，自临钓石汲深清。"第二句七字而具五意：水清，一也；深处清，二也；石下之水，非有泥土，三也；石乃钓石，非寻常之石，四也；东坡自汲，非遗卒奴，五也。"大瓢贮月归春瓮，小杓分江入夜瓶。"其状水之清美极矣。
>
> ——《诚斋诗话》

饮茶、煮茶到了如此讲究的地步，可见他俨然是位茶艺高手。在苏轼看来，能吃到上好的茶，就和遇到上好的佳丽一样赏心悦目，为此他又有"从来佳茗似佳人"②的诗句。

妙就妙在"佳茗似佳人"。苏轼到杭州通判任后不久，曾受命主持当

---

① 见宋·朱彧《萍州可谈》。
② 见《次韵曹辅寄壑源试焙新芽》。

年两浙的乡试，在那里，他写下《试院煎茶》诗，诗中遗憾地说：

> 我今贫病常苦饥，分无玉碗捧蛾眉。

"分无玉碗捧蛾眉"是个倒装句，意思是：直到眼下，他还未能拥有蛾眉侍捧玉盏的缘分。由此可知，若他寻觅娇蛾作侍妾，捧碗煎茶乃是一件要务。后来苏轼在做翰林学士时，曾得到太皇太后赏赐的名茶"密云龙"，他将这种名茶珍藏起来，唯有最得意的门生来到家中才舍得拿出来共享。他的《行香子》词，便专咏此事：

> 绮席才终，欢意犹浓。
> 酒阑时，高兴无穷。
> 共夸君赐，初拆臣封。
> 看分香饼、黄金缕、密云龙。
>
> 斗赢一水，功敌千钟。
> 觉凉生，两腋清风。
> 暂留红袖，少却纱笼。
> 放笙歌散、庭馆静、略从容。

据史料记载，这种"密云龙"茶为福建特产，仅供皇帝和皇太后专用，宰相、翰林学士受此赏赐，无不倍感荣幸，所以苏轼在词中要让门生亲眼看他拆封，一同慢慢受用；喝了之后顿觉浑身凉爽，两腋生风，仿佛进入仙境。词中被"暂留"下来、没有"纱笼"之类遮挡的"红袖"，便是朝云。

关于这一点，晁补之的侄子晁公武曾有详细记载：

> 廖正一，字明略。元祐中，召试馆职。苏子瞻在翰林，见其
> 所对策，大奇之。俄除正字。时黄、秦、晁、张皆子瞻门下士，

号"四学士"，子瞻待之厚，每来必命侍妾朝云取"密云龙"，家
人以此知之。一日，又命取"密云龙"，家人谓是"四学士"，窥
之，乃明略来谢也。

——《郡斋读书志》卷十九

廖明略初次登门，便享有同黄庭坚、秦观、张耒、晁补之这"苏门四
学士"般的待遇，连苏轼的家人都感到吃惊。依照"佳茗似佳人"的理
论，茶为极品，人亦极品，茶艺更是极品，这样方能穷尽其中妙趣，由此
可见朝云茶艺之精。

除了"四学士"和廖明略，另一位书画名家米芾，也是苏轼的座上常
客。元祐四年（1089），苏轼出任杭州太守，途经扬州时，曾召米芾前来
相见。苏轼再次拿出"密云龙"，与他共享。

米芾为此曾写下《满庭芳》，词题就叫《咏茶》：

> 雅燕飞觞，清谈挥麈，使君高会群贤。
> 密云双凤，初破缕金团。
> 外炉烟自动，开瓶试、一品香泉。
> 轻涛起，香生玉乳，雪溅紫瓯圆。
>
> 娇鬟，宜美盼，双擎翠袖，稳步红莲。
> 座中客翻愁，酒醒歌阑。
> 点上纱笼画烛，花骢弄、月影当轩。
> 频相顾，馀欢未尽，欲去且留连。

不言而喻，词中的"娇鬟""美盼"就是朝云，这一年她二十六七岁，
正是女人一生中最为光艳动人的时刻。只见她在帘外燃起小炉，轻轻倒进
瓶中专用的泉水，不一会儿，紫色的沙瓯里色如玉乳，轻涛微翻。朝云轻
挽翠袖，"稳步红莲"，恭恭敬敬地将茶献到客人面前，素有"米癫"之称
的青年米芾早已既醉又癫，愁妒齐翻。直到朝云歌声响起，他才再度清

醒，止不住对她频频顾盼，心生艳羡，直到曲终人散，他依然"欲去且留连"……

朝云的魅力，朝云的茶艺，在米芾的这首《咏茶》词里，得到最真切、最生动的显现。

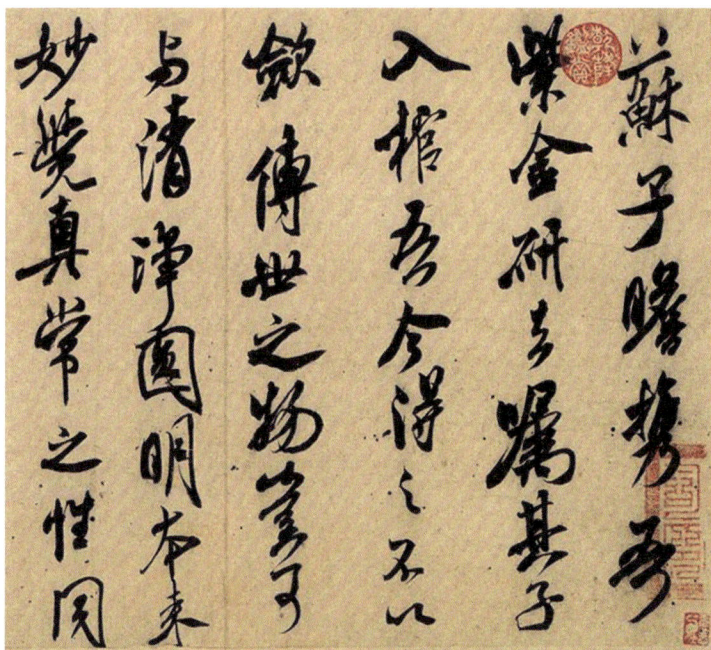

米芾传世名作《苏子瞻》帖

其实，早在苏轼当密州太守时，就曾写过一首《雨中花慢》送给朝云，第一句便说：

> 今岁花时，深院尽日东风，荡漾茶烟。

"茶烟"袅袅，荡漾在春风之间，伴随着这"茶烟"的，是牡丹吐蕊，名花盛开，此中妙意，自不待言。

有趣的是，在朝云来到苏家前后，苏轼曾写过一首《月兔茶》：

环非环，玦非玦。

中有迷离玉兔儿，

一似佳人裙上月。

月圆还缺缺还圆，

此月一缺圆何年？

君不见斗茶公子不忍斗小团，

上有双衔绶带双飞鸾。

查遍古今茶谱，从未见到有关"月兔茶"的记载。注解苏诗的人，只好把黄庭坚晚年被贬蜀川时写的月兔茶诗拿来作证，殊不知苏轼此诗写于熙宁六年（1073），那时他与黄庭坚尚未谋面；而黄庭坚晚年之所以拥有这种特殊的茶，应该是恩师或朝云的馈赠。

苏轼这首诗是写给献茶女妓的。宋代文人在宴集结束后，例行歌妓送茶、文人题诗赠词的程式，据说这个规矩，由"红杏枝头春意闹"尚书宋祁始创，后来一直沿用。[①] 像汴京、杭州这样的大都市，除了酒肆、青楼外，还有大量的茶肆，歌女献茶，乃是茶肆行规：

大凡茶楼，多有富室子弟、诸司下直等人会聚，习学乐器、上教曲赚之类，谓之"挂牌儿"。"人情茶肆"，本非以点茶汤为业，但将此为由，多觅茶金耳。又有茶肆专是五奴打聚处，亦有诸行借工卖伎人会聚行老，谓之"市头"。大街有三五家开茶肆，楼上专安着妓女，名曰"花茶坊"。

——宋·吴自牧《梦粱录》卷十六《茶肆》

从苏轼诗中可以看出，所谓"月兔茶"，是一种外圆中空、如环如玦的茶饼，煮茶时被掰掉一半，霎时就成了一弯残月，于是诗人触景生情，发出"月圆还缺缺还圆，此月一缺圆何年"的心声。这两句诗是他后来

---

① 见《岁华纪丽谱》"正月二日"条。

"人有悲欢离合，月有阴晴圆缺"的先声，后来在给朝云的诗词中也有回应。茶的包装"上有双衔绶带双飞鸾"，隐约显露出茶肆的青楼色彩。"斗茶公子"是苏轼自指，当年三十八岁的他，之所以要以"公子"自况，意在显示心态年轻，这从侧面说明煮茶之妓年纪幼小，未曾被人梳理，只宜在茶肆或青楼里煮茶、献歌、呈舞，招揽各方来客。

这里之所以要将《月兔茶》与朝云关联起来，也有一个原因：朝云生于宋仁宗嘉祐八年（1063）癸卯，恰恰是个"小兔儿"，与苏轼最钟爱、最怀念的前妻王弗同一属相。

既擅琵琶，又精茶艺，擅长歌舞，年纪虽小却聪慧过人，这就是久居青楼茶肆、显得有些早熟的朝云，能够打动苏轼的原因。

玉骨冰肌： 清凉无汗暗香满

玉骨那愁瘴雾，冰肌自有仙风。

海仙时遣探芳丛，倒挂绿毛幺凤。

素面翻嫌粉涴，洗妆不褪唇红。

高情已逐晓云空，不与梨花同梦。

——《西江月·梅花》

公认《西江月·梅花》是苏轼晚年于岭南以吟咏梅花方式，怀念病逝不久的朝云的一首佳作。天生丽质，素面姣好，过多的涂脂抹粉，反而会玷污她的容颜；即便洗去淡妆，红红的嘴唇仍像刚涂唇油一样，这就是朝云的容颜。

如果说江南女性皮肤极为细嫩，"佣儿贩妇皆冰玉"，那么朝云的冰玉之姿，已然浸透肌肤，澄澈到了骨子里。这首词里的"玉骨"与"冰肌"，不仅是梅花的写照，也是朝云肌肤之色的真实描绘。苏轼在诗词里一提到朝云，总对这类字眼不离不弃：

天容水色聊同夜，发泽肤光自鉴人。

——《王氏（朝云）生日致语口号》

玉腕半揎云碧袖，楼前知有断肠人。

——《四时词》之二

岂惟幽光留夜色，直恐冷艳排冬温。

松风亭下荆棘里，两株玉蕊明朝暾。

海南仙云娇堕砌，月下缟衣来扣门。

——《十一月二十六日松风亭下梅花盛开》

罗浮山下梅花村，玉雪为骨冰为魂。

——《再用前韵》

所举四例中，其一是朝云生日的献诗，其二在描写朝云四时情态，后二例则用岭南梅花作为比兴，赞美朝云的天生丽质。总而言之，只要与朝云有关，他总用玉肤、玉雪、玉蕊、冰肌、冰魂、发泽肤光、冷艳等词语来形容。虽说古人赞美佳丽，时常离不开这些文字，但苏轼不厌其烦地重复描写，只能说明朝云的肌肤不仅细腻白嫩，而且清凉如冰，是个地地道道如冰似玉的"冷美人"。

最能直接说明这一点的，是他的《浣溪沙》：

轻汗微微透碧纨，

明朝端午浴芳兰。

流香涨腻满晴川。

彩线轻缠红玉臂，

小符斜挂绿云鬟。

佳人相见一千年。

这首词作于宋哲宗绍圣二年（1095）五月四日，第二天就是端午节。岭南的旧历五月，天气已非常炎热，连清凉如水的朝云都要微微出了一身轻汗。那时端午节，女人们都要用兰花香草来沐浴，然后用彩线臂缠，以期祛病除灾。苏轼一想朝云要沐浴，便想象到明天江水要"流香涨腻"，可见朝云不仅肌肤如玉，她的身上还有一种天生奇香。在另一首诗里，苏

轼借梅花将朝云说成是"天香国艳"。朝云去世后，他的《雨中花慢》里，依然追念她"襟袖上，犹存残黛，渐灭余香"；在黄州写的《四时词》中，他除了"粉汗余香在薪竹"外，更有"真态香生谁画得"的赞语。

好一个"真态香生谁画得"，这使人想到王安石《明妃曲》中的"意态由来画不成，当时枉杀毛延寿"。苏轼与他同时代的著名画家无不结交，其中有的人还曾给他"写真"，只是没有画过朝云，"真态香生谁画得"，恐怕就是苏轼自己不愿动笔，也不让画师为之动笔的原因。

是啊，冷美人的玉骨香肌，除了苏轼自己，谁又能体味得到、摹写得出呢？

人世间，确有一些女子，身上会散发出一种让男人闻之便心怡神爽的体味，比如后来"香妃"的故事。看来早在九百多年前，就曾有过一个"香妃"，只是"宠幸"她的人为一代文宗，不敢冠以"香妃"之辞，然而他的"天香国艳"四字，已将一切都表白无遗。

由此，我们有足够的理由说，苏轼那首非常著名的《洞仙歌》，也是写给朝云的。请看这首词的序：

> 仆七岁时，见眉山老尼，姓朱，忘其名，年九十余。自言尝随其师入蜀主孟昶宫中。一日，大热，蜀主与花蕊夫人夜起避暑摩诃池上，作一词，朱具能记之。今四十年，朱已死矣，人无知此词者，独记其首两句。暇日寻味，岂《洞仙歌令》乎？乃为足之。

这首词作于苏轼四十七岁时，那是他贬居黄州的第三个年头。序中所言"独记其首两句"，便是词的发端"冰肌玉骨，自清凉无汗"。为什么四十年前孩提时代记下的两句歌词，偏偏会在黄州时想起，并将它续足呢？答案非常简单，因为苏轼身边有个跟花蕊夫人一样"冰肌玉骨，自清凉无汗"的人，那就是已经年近二十，风姿绰约的朝云。

下面是他所续之词的全部：

冰肌玉骨，自清凉无汗。

水殿风来暗香满。

绣帘开、一点明月窥人，

人未寝、欹枕钗横鬓乱。

起来携素手，庭户无声，

时见疏星渡河汉。

试问夜如何？

夜已三更，金波淡，玉绳低转。

但屈指西风几时来？

又不道、流年暗中偷换。

　　除掉开头两句系从他童年记忆中唤出以外，其余均是苏轼根据眼前情景所推想出的摩诃池避暑胜境。"水殿"既是想象之词，也是苏轼所居的江畔水驿临皋亭的影子。"绣帘"之下数句，与其说在想象西蜀的摩诃池，毋宁说是眼前相拥美人、耳鬓厮磨时境况实录。"人未寝、欹枕钗横鬓乱"和"起来携素手"，都是他与朝云的共历。时至三更，他们难以入睡，携手起身，在静静的月夜下遥望天际，群星闪烁，明月偷窥，此间蕴藏着多少柔情蜜意！可夜半时分，一阵凉风送来秋意。秋是盛放着的鲜花最易伤感的时分，也是朝云最不愿见到的季节。既然要担心"流年暗中偷换"，那就让花儿结出果实来——第二年，朝云便替苏轼生了第四个儿子苏遁。

　　由此可见，苏轼喜欢幼小的朝云，还与他少年时听到的花蕊夫人的故事有关。七岁是一个男孩朦胧产生性幻想的年龄，那个九十多岁的老尼哪里会想到，她的一个故事、一首歌词，竟在小小少年心中种下一个冷美人的身影，"冰肌玉骨，自清凉无汗"从此深深地烙在他的心中。当"冰肌玉骨，自清凉无汗"的美人出现在面前时，他能够错过吗？

　　于是，我们发现后来苏轼在写朝云时，除了"玉肌冰骨"外，"花"与"蕊"二字也在频频出现，一切都与他少儿时期所听闻的那个美妙故事密切相关。

天香国艳： 玉雪为骨冰为魂

在论及苏轼与王弗情感时，我们曾谈到每年正月二十，苏轼都难以在家中安坐，他总爱出门寻找梅花，并且为之招魂。

苏轼喜爱梅花，在他的笔下，梅花除了与王弗有关，涉及最多的便是朝云。在赞颂梅花的过程中，苏轼既与王弗有通感，也与朝云心相连，仿佛在向人们暗示着，朝云便是王弗的再现和扩展。

怕愁贪睡独开迟，自恐冰容不入时。
故作小红桃杏色，尚余孤瘦雪霜姿。
寒心未肯随春态，酒晕无端上玉肌。
诗老不知梅格在，更看绿叶与青枝。

这是苏轼著名的《红梅三首》之一，作于元丰六年（1083）正月底、二月初，梅花将谢、桃李含苞之时。在此之前的正月二十，苏轼曾独自出门寻访梅花，并写下"长与东风约今日，暗香先返玉梅魂"之诗，十多天后，他看到桃杏都将开放，梅花将要凝结青子，于是又写下三首咏梅七律。

东坡在上面这首诗下作了如下自注："石曼卿《红梅》诗云'认桃无绿叶，辨杏有青枝'。"向来解读此诗的人，都认为东坡此诗是针对石介（字曼卿）《红梅》而发，因此它是一首翻案诗。其实他们已被苏轼的"狡狯"之语所迷惑，再次沦入"不识庐山真面目，只缘身在此山中"的境地。

《红梅三首》，第一首诗里"尚余孤瘦雪霜姿"，与他同一时期所作《四时词》中的"佳人瘦尽雪肤肌"同一机杼。前面我们说过，朝云的体貌特征是玉肌冰骨，肤色细白，那么擅于扬长避短的她，穿着总是恰到好处。东坡先生为太守、翰林学士时，她的衣着以华丽的红装为主，当东坡被贬黄州和岭南时，她总穿蓝绿交杂的碧色，只有夜晚，才身着洁净的缟素，这些特点在苏轼的诗词中已经得到展现。如《浣溪沙》词中的"轻汗微微透碧纨"，就是她于炎热之际仍穿碧色（蓝绿之间）的明证。苏轼写《红梅》三首时，人在黄州，常与新任淮南转运副使蔡景繁通信，在给蔡氏的一封信中，他有这样的言语：

> 凡百如常。至后杜门壁观，虽妻子无几见，况他人也。然"云蓝小袖"者，近辄生一子，想闻之拊掌也。
>
> ——《与蔡景繁》十四首之六

此信写于冬至之后，此前九月二十七日，朝云生下一子。"云蓝小袖"乃引用蔡景繁在信中对朝云的称呼，可见朝云平常衣着，较喜欢青、蓝碧色，特别钟情天空一般的碧蓝，这类颜色恰恰能映衬出她的雪肤。不难想象，她的装扮和自己的姿容一样，给蔡景繁留下极深的印象，乃至"云蓝小袖"，成了东坡和友人称呼她的代名。

然而蓝碧色的修饰只是其表，朝云之美，美在她的冰清玉洁的气质。而这些，恰恰是蔡景繁等友人所难以看到的。于是乎，"诗老不知梅格在，更看绿叶与青枝"，这两句诗既是对梅花被人误解的辩白，也是东坡为自己能拥有朝云、深知朝云而发自内心的欣慰。当然，这种甜蜜的感受不宜拿出来与人分享，于是才"狡狯"地将石曼卿的诗句拉过来垫背。

只要我们细心往下看，就会发现，在这一组诗里，东坡使用了大量的隐喻：

雪里开花却是迟，何如独占上春时。

也知造物含深意，故与施朱发妙姿。

细雨裛残千颗泪，轻寒瘦损一分肌。

不应便杂天桃杏，半点微酸已著枝。

朝云九月生子，那么正月底和二月初，正是她怀孕不久之时。"细雨裛残千颗泪，轻寒瘦损一分肌"，与第一首中的"怕愁贪睡独开迟""尚余孤瘦雪霜姿"同一用意，这朵梅花不太自在，她正承受着身体的不适：贪睡、不思饮食、容颜也有些"瘦损"，却又时而担心、时而高兴地不停流泪。这不正是女人怀孕初期的感受和形态吗？最妙的还在最后一句，"半点微酸已著枝"。梅花分为两种，一是旋开旋落的观赏梅，二是能结出酸子儿的青梅。东坡写此诗的用意更加明显，他除了讥讽人们只从青叶、绿枝着眼，并没看到梅的高格外，他更关心的还有梅的结果，这可是一般吟咏梅花的诗人所不愿提及的。

到了第三首，诗人的心迹更是无多掩饰：

幽人自恨探春迟，不见檀心未吐时。

丹鼎夺胎哪是宝，玉人頩颊更多姿。

抱丛暗蕊初含子，落盏秾香已透肌。

乞与徐熙画新样，竹间璀璨出斜枝。

在"丹鼎夺胎哪是宝"之下，苏轼添上小注："朱砂红银，谓之不夺胎色"，分明是指"玉人"在服用某种保胎之药。"頩颊更多姿"，在说她脸上时常带着一种不自然的颜色，可在他看来却更显婀娜多姿。给此诗作注解的人见到"頩"字，便引《博雅》中的"頩，怒色也，玉人怒则颊红"，全然文不对题。《楚辞·远游》有句云："玉色頩以脕颜兮。"王逸注道："面目光泽，以鲜好也"；戴震《屈原赋注》："气上充于色曰頩"，容光焕发，气脉贯注，这才是东坡眼中的红梅。

"抱丛暗蕊初含子，落盏秾香已透肌"，进一步离开梅花，写到梅子。

"初含子"和前面的不"夺胎",意思极为明了,全在写犹如梅花冰清玉洁、暗香袭人、而且正在孕子的朝云。读到这里,我们不禁会想到唐人杜牧的《怅诗》:

> 自是寻春去较迟,不须惆怅怨芳时。
> 狂风落尽深红蕊,绿叶成阴子满枝。

显而易见,苏轼巧用杜牧诗句,妙手翻出新意。然而,诗人并没有就此打住,在最后一联里,他说此时的梅花宜于入画,更有意味。画梅之人都乐于画梅花初绽,有几人愿在花将凋谢、抱丛含子时再动纸笔?东坡的兴致恰恰在此。苏轼擅画竹木怪石,此处却说,如果擅长画梅的徐熙大师在此,定要请他画一幅"新样"之梅:"竹间璀璨出斜枝。""斜枝"就是旁枝,侍妾将生之子,正是苏家的"旁枝",东坡的心之所切,诗意所在,至此已全然明白。

呵呵,"诗老不知梅格在,更看绿叶与青枝!"

如果说《红梅三首》是苏轼用极为遥深的比兴手法,将朝云珠胎已结,行将生子的情态、风姿全然再现,那么他在惠州写下的"红梅三首",则毫无隐曲,将黄州一带的淮南梅花与岭南红梅关联起来,进而将朝云与红梅直接融为一体:

> 春风岭上淮南村,昔年梅花曾断魂。
> 岂知流落复相见,蛮风蜒雨愁黄昏。
> 长条半落荔支浦,卧树独秀桄榔园。
> 岂惟幽光留夜色,直恐冷艳排冬温。
> 松风亭下荆棘里,两株玉蕊明朝暾。
> 海南仙云娇堕砌,月下缟衣来扣门。
> 酒醒梦觉起绕树,妙意有在终无言。
> 先生独饮勿叹息,幸有落月窥清樽。
> ——《十一月二十六日松风亭下梅花盛开》

"幽光""冷艳""玉蕊""缟衣"，这些熟悉字词，与前面所举的"玉骨哪愁瘴雾，冰肌自有仙风"，"素面翻嫌粉涴，洗妆不退残红"属于同一意象，都是朝云特质的映现。东坡在《题嘉祐寺壁》中曾记载："绍圣元年（1094）十月二日，轼始至惠州，寓居嘉祐寺松风亭。杖履所及，鸡犬皆相识。"岭南虽是蛮荒之地，可旷达乐观的东坡居士很快从身边找到了精神上的慰藉：生长在荆棘丛中的两株梅花，再次成为他寄托情怀的对象。与黄州不同的是，这儿的梅花白天在艳阳下娇蕊吐艳，夜晚在月光里冷艳排温。"海南仙云"一句，乃用柳宗元《龙城录》中仙女降临罗浮山、化作美女陪谪人的典故，"朝暾"和"仙云"四字，意在凸显朝云，仿佛是说，她就是梅花的化身，夜晚身着淡妆缟衣（素色睡衣）给他增加冬温，白天又化作碧衣翠鸟，除去幽独与苦闷——有她做伴，东坡即便孤斟独饮，也不复叹息伤神，一切都已心领神会，"妙意有在终无言"。再看他的第二首：

<blockquote>
罗浮山下梅花村，玉雪为骨冰为魂。
纷纷初疑月挂树，耿耿独与参横昏。
先生索居江海上，悄如病鹤栖荒园。
天香国艳肯相顾，知我酒熟诗清温。
蓬莱宫中花鸟使，绿衣倒挂扶桑暾。
抱丛窥我方醉卧，故遣啄木先敲门。
麻姑过君急洒扫，鸟能歌舞花能言。
酒醒人散山寂寂，惟有落蕊黏空樽。
</blockquote>

——《再用前韵》

在这里，梅花由原来的两枝，壮大为一个"村"，在这如梦似幻的梅村里，有只引人注目的绿衣翠鸟，当东坡喝醉卧倒时，她就前来照料他睡眠；当东坡贪睡不醒时，又像啄木鸟似的当当敲门。这是一个什么精灵呢？东坡在诗中注道："岭南珍禽有'倒挂子'，绿毛红喙，如鹦鹉而小，自东海来，非尘埃中物也。"我们没有理由不相信惠州确有此鸟，但请注意，惠州在南海之滨，东坡偏偏要说那珍禽来自"东海"，显然意指自小生长在杭州的朝云。他后来在《西江月·梅花》词里悼念朝云时，再次对"倒挂绿毛幺凤"念念不忘，更是一个深刻的印证。在东坡心里，这种喜欢倒挂着的翠鸟，正是生性活泼、身材灵巧、爱打秋千、喜欢穿绿珮蓝的朝云的化身。

在这首诗的结尾，我们看到梅花已在飘落，"惟有落蕊黏空樽"一句，表现出了诗人对落花的惆怅。第三首梅花诗，则写于花落之后：

> 玉妃谪堕烟雨村，先生作诗与招魂。
> 人间草木非我对，奔月偶桂成幽昏。
> 暗香入户寻短梦，青子缀枝留小园。
> 披衣连夜唤客饮，雪肤满地聊相温。
> 松明照坐愁不睡，井花入腹清而暾。
> 先生年来六十化，道眼已入不二门。
> 多情好事馀习气，惜花未忍终无言。
> 留连一物吾过矣，笑领百罚空罍樽。
>
> ——《花落复次前韵》

落花是青春消歇、生命转换的象征，在这首诗里，东坡的梦境已经散去，绿衣翠鸟也消失在"烟雨"之中。无眠之际，愁肠百结，眼前粉白的花瓣，让他想到暮年残生，因此他不禁摇头叹怜自己的"多情"。"先生年来六十化，道眼已入不二门"，这年他五十九岁，再过几天就是六十。佛家以直接入道为"不二法门"，东坡却给此语注入新意，说他除了梅花之外，不会再对其他花朵痴情。这时若再仔细研读诗的前八句，人们更会发现，俨然处处诗谶："玉妃谪堕"已寓不祥，"作诗"给她"招魂"备感凄凉，"人间草木"显然是与隔世相对，"奔月偶桂"指嫦娥脱离凡尘；"幽昏"（古时昏、婚通用）二字，更是阴阳姻缘，"暗香入户寻短梦"，"雪肤满地聊相温"大有香魂来觅、幽灵袭身之兆。也许此时他已从朝云的体征上感到某种不祥之兆，自此之后，东坡不再赓和此诗，恰恰到了第

三个年头，朝云便亡故。

正因为此，苏轼才在朝云逝世之后，要写《西江月·梅花》为她招魂。在此，我们不妨再将那首词重温一遍：

> 玉骨那愁瘴雾，冰肌自有仙风。
>
> 海仙时遣探芳丛，倒挂绿毛幺凤。
>
> 素面翻嫌粉涴，洗妆不褪唇红。
>
> 高情已逐晓云空，不与梨花同梦。

"高情已逐晓云空"，让人想到朝云墓地的六如亭：如梦、如幻、如泡、如影、如露、如电，一切皆已成空。这里的"晓云"即是朝云的互辞，诗人的痴"情"，再"高"再深，也只能让它"高"扬于阴阳之际，追逐于如梦如幻之中。从与东坡有过交往的晁以道和诗僧惠洪，到诗词掌故如同连璧的《苕溪渔隐丛话》，再到后来在广东刻印的《东坡寓惠集》，世人无不承认此词系为"悼朝云而作"，甚至有"古今梅词，以坡仙'绿毛幺凤'为第一"的至高推崇，① 但有何人曾去体味苏轼一生与梅花的姻缘，和他在梅花上所得到的欢欣、适意，忧伤、悲痛？

---

① 语见明·杨慎《词品》卷二。

嫩脸羞蛾：乍谐云雨学鸾凰

嫩脸羞蛾，因甚化作行云，却返巫阳？

但有寒灯孤枕，皓月空床。

长记当初，乍谐云雨，便学鸾凰。

又岂料、正好三春桃李，一夜风霜。

丹青易画①，无言无笑，看了谩结愁肠。

襟袖上，犹存残黛，渐灭余香。

一自醉中忘了，奈何酒后思量。

算应负你，枕前珠泪，万点千行。

——《雨中花慢》

宋哲宗绍圣三年（1096）初秋，朝云病逝之后，东坡在悲痛之中难以
自拔，于是写下这首《雨中花慢》。六十一岁的老人，独自对着"寒灯孤
枕，皓月空床"，看到心爱之人遗物上留下的粉黛之迹，不禁愁肠百结，
黯然神伤。他想借酒醉来忘却悲痛，可酒醒之后，思念重返心头，沉重得
让人喘不过气来。"丹青易画"之句，说明苏轼本想再现朝云的遗容，可
是画"无言无笑，看了谩结愁肠"，"襟袖上，犹存残黛，渐灭余香"之
语，仿佛让人觉得"真态香生谁画得"之叹再度涌上他的心头，于是放弃
作画，再写一首慢词，表达他们之间的意长情长。

---

① "丹青易画"之"易"，原为缺文，为叙述方便，笔者依律窃补。

　　"算应负你，枕前珠泪，万点千行"，结语一句，道出了东坡老人此际的无尽忏悔、无尽哀伤。"珠泪万点千行"六个字，正与词牌《雨中花慢》密意缝合，让人生出无限怅惘。

　　这首词的上阕极为重要，除了"因甚化作行云，却返巫阳"和"但有寒灯孤枕，皓月空床"是心中情、眼前景外，其余话语，全是对往昔的追忆。"嫩脸羞蛾"，是朝云最初被他宠爱时的神态，"乍谐云雨，便学鸳鸯"，则是二人缠绵恩爱、枝连偕飞时的情景。

　　尤为关键的是，"又岂料、正好三春桃李，一夜风霜"，表面上是说朝云伴他到岭南，才度三个春秋（实际上不足两年），便遭病亡故。实际上，这里暗示了他与朝云"乍谐云雨、便学鸳鸯"的时间，那是朝云到他身边三年之后——手段高超且坦诚率真的东坡先生，再次用一个"又"字，加上正好的"正"，使不足三春的岭南生涯与实际上整整三个春秋的"侍而成妾"过程，巧妙无垠地叠印在一方悲怜交织的画面上。

　　《雨中花慢》为长调慢词，是从《雨中花令》扩展而成。苏轼学词之师张先，便有这种小令词作：

> 近鬓彩钿、云雁细。
>
> 好客艳、花枝争媚。
>
> 学双燕、同栖还并翅。
>
> 我合着你、难分离。
>
> 这佛面、前生应布施。
>
> 你更看、蛾眉下秋水。
>
> 似赛九底、由他三五二。
>
> 正闷里、也须欢喜。

——《雨中花令·赠胡楚》

　　既欲"同栖"，还要"并翅"，"我合着你、难分离"，无须多言，这是一首地道的调情词，"似赛九底、由他三五二"，更是只有花花张老太岁和胡楚那种风尘女子才能彻晓的欢场暗语。《雨中花令》还有一个名称，叫《夜行船》①，从前面《佳人篇》苏轼写给贾耘老的"终须放、船儿去，清香深处住，看伊颜色"可以看出，这个词牌，最宜写男女幽欢之事。

从现存的宋词来看，《雨中花慢》是苏轼首创，他最初使用这个词牌，是在密州，而词的内容，写的正是他与朝云之间渐处渐浓的感情。

兹将此词及词前小序迻录如下：

> 初至密州，以旱蝗斋素者累月，方春牡丹盛开，不获一赏。至九月，忽开千叶一朵，雨中为置酒作。

> 今岁花时，深院尽日东风，荡漾茶烟。
> 但有绿苔芳草，柳絮榆钱。
> 闻道城西，长廊古寺，甲第名园。
> 有国艳带酒，天香染袂，为我留连。

> 清明过了，残红无处，对此泪洒尊前。
> 秋向晚、一枝何事，向我依然。
> 高会聊追短景，清商不假余妍。
> 不如留取、十分春态，付与明年。

词前所谓"小序"，并非东坡本人所书，乃宋人傅干根据自己的理解而添加上的，傅氏原文为：

> 公初至密州，以累岁旱、蝗，斋素累月，方春，牡丹盛开，遂不获一赏。至九月，忽开千叶一朵，雨中特为置酒，遂作此词。②

---

① 纪昀等撰《四库全书总目提要》卷一百九十八《逃禅词》条云："《夜行船》，亦即是《雨中花》。诸家词虽有小异，按其音律，要非二调。"

② 见刘尚荣校证：《傅干注坡词》，《雨中花》条下"傅注"，成都：巴蜀书社1993年版，第310页。

　　傅氏此言，值得推敲。秋天牡丹于千叶之中开出一朵，那是极为稀罕的祥瑞之事。在那个时代，出现"麦秀两穗"情形，地方官员便要向朝廷报喜，史臣也将这类祥瑞事件载入史册。[①] 宋太宗雍熙三年（986）八月，"刑部尚书宋琪家牡丹三华"，宋真宗大中祥符元年（1008）九月，巩县也有牡丹再花之事，都被载入正史。[②] 密州牡丹于深秋反季节开放，为何苏轼不向朝廷报告，以使深受旱、蝗多重灾难、急需赈济的密州百姓，沐浴皇上恩典？牡丹重华盛事，为何当时密州文献没有丝毫记载，而苏轼本人一不以诗文记录，二不与属僚唱和，偏偏要在宜抒私情的慢词中悄悄诉说？

　　细细体味便可得知，这首词上阕叙述密州城西的牡丹于春天曾经盛开，而且在他面前"留连"过；下阕则说秋晚独有一枝，在友朋"高会"、秋歌既罢之后，才独自"向我依然"。这"花"虽然专为"我"而绽放，苏轼却不愿采摘，想等她拥有"十分春态"时再说，而这"花"花期极长，苏轼要将采摘之事"付与明年"。

　　这哪里是写花？分明是借花写人，他在写自己身边的另一种"牡丹"，自己眼中的"国艳""天香"。

　　苏轼在熙宁八年（1075）春天写下的两首关于牡丹的诗，外加一首描述公事房休息室的《西斋》，是解读这首《雨中花慢》的三把钥匙，让我们一一呈出，与读者一道试启。

　　第一首描写牡丹的诗，题为《谢郡人田、贺二生献花》，前六韵为：

> 城里田员外，城西贺秀才。
>
> 不愁家四壁，自有锦千堆。
>
> 珍重尤奇品，艰难最后开。
>
> 芳心困落日，薄艳占轻雷。
>
> 老守仍多病，壮怀先已灰。
>
> 殷勤此粲者，攀折为谁哉？

---

① 《宋史》卷六十四《五行志》"火"下，下载"麦秀二三穗"之事多达二十余起。

② 见《宋史》卷六十三《五行志》"火"上。

在"殷勤此粲者"下，苏轼自注道："贺（生）献魏花三朵。"魏花，就是牡丹中的"魏紫"。可见田、贺二生于晚春之际、雷雨之余搜罗到的名花，系牡丹中的贵重品种。在紧随其后的七言诗《惜花》里，作者进一步用"城西古寺没蒿莱，有僧闭门自栽，千枝万叶巧剪裁"，交代了"魏紫"的来源，原来是城西高僧精心培育而成。说到这儿，《雨中花慢》中的"闻道城西，长廊古寺，甲第名园"之句便有了着落。

《谢郡人田、贺二生献花》的前八句，同时交代了那两位书生乃密州富室，生活宽裕，没有衣食之忧，因此才有兴致，到处搜集牡丹的珍重奇品。"不愁家四壁"一句，显然带有反讽之意。灾害频仍之际，百姓家徒四壁，甚至要将孩子扔掉，以求自保。苏轼上任之后，也是终日扶困恤危，拣拾弃婴，采食杞菊，以致身心交瘁，病倒在州衙里的西斋，"老守仍多病，壮怀先已灰"就是他当时状态的写照。可两位富家子弟既不理解百姓之危，也无从体会太守的心境体态，偏偏主动搜罗奇珍来献"殷勤"，苏轼不仅不能拒绝，还要对他们以酒宴款待：

> 玉腕揎红袖，金樽泻白醅。
>
> 何当镊霜鬓，强插满头回？

这四句至关重要，它向人们传达出三个信息：

一是苏轼自惭鬓须花白，与这名花不太般配，除非用镊子除尽白须，才能簪花而归。言外之意是，此花只宜插在瓶中观赏，自己不宜簪带。在《惜花》诗里，苏轼有"而我食菜方清斋，对花不饮花应猜"之句，表明田、贺二生所献之花确曾在他的公事房里摆放许久。这就是《雨中花慢》中的"国艳""天香"，曾经"为我留连"的由来。

二是他此番接受献花的地点是在州衙，而非自己家中，不然的话，苏轼便没有"强插满头回"的结语。当时苏轼公务剧繁，加之身体欠安，他常常住在州衙西厅，也就是夜宿西斋。请看他的《西斋》诗：

> 西斋深且明，中有六尺床。
>
> 病夫朝睡足，危坐觉日长。
>
> 昏昏既非醉，踽踽亦非狂。
>
> 裹衣竹风下，穆然中微凉。
>
> 起行西园中，草木含幽香。

显而易见，西斋与西园相连，都在州衙里面，如果是在私邸，苏轼没有必要强调里面有张六尺大床。而他当时的病也是偶染风寒，小"中微凉"，也就是伤风，需要休息静养。

第三点极为关键，就是当时有个"玉腕红袖"，在西斋里服侍着他。这天她"揎"起"红袖"，给两位书生斟酒，这说明苏轼病居州衙之际，有位"玉腕红袖"佳人，一直在照顾着他的起居。

有了前面介绍的"玉肌冰骨"之佳人特征，我们可以说：这位"玉腕红袖"同时擅长烹茶、弄得"深院"里"荡漾茶烟"的美女，非朝云莫属。

朝云于熙宁六年（1073）十一岁时来到苏家，熙宁八年（1075）时已是十三岁，一如杜牧《赠别》所云："娉娉袅袅十三余，豆蔻梢头二月初。"那个时代当然没有"雌激素"这个名词，然而青楼老鸨多让手下女孩服用"催花"之物，以早熟之姿博欢卖笑，已是不争的事实。十二岁的朝云，便给苏轼寄过让他读上千回与万回的"香笺""锦书"，一年之后，身着艳丽的红装，在西斋之内侍候起居，当然更会让苏轼深感"起行西园中，草木含幽香"。

当我们知道苏轼笔下的"国艳天香"并不专指牡丹，他后来在用这四个字来形容梅花，而梅花又是朝云的化身时，《雨中花慢》词里的"秋向晚、一枝何事，向我依然"的"牡丹花"，便不言自明了。

苏轼还有一首《蝶恋花》，也是这一时期作于密州，写于他生病之际遇到"佳人相撩"的情境，可作旁证：

> 雨霰疏疏经泼火。
>
> 巷陌秋千，犹未清明过。
>
> 杏子梢头香蕾破，
>
> 淡红褪白胭脂涴。
>
> 苦被多情相折挫。
>
> 病绪厌厌，浑似年时过。
>
> 绕遍回廊还独坐，
>
> 月笼云暗重门锁。

同样是清明时分，同样在"病绪厌厌"之际，杏子梢头的香蕾，淡红褪白的胭脂之色，都是少女的象征。看到这里的"秋千"和"苦被多情相折挫"，不由让我们想起东坡在惠州时写给朝云的同调词中"墙里秋千墙外道"和"多情却被无情恼"二个名句。两首《蝶恋花》，意象如此相同，难道仅是巧合？东坡被贬岭南之际，朝云已成"老云"，嘉祐寺等贬所也不会再有秋千让她玩耍。后一首《蝶恋花》，分明是在共同回忆他们"初谐鸾凰"之前的难忘情境。可见苏轼当时面对朝云，处于欲惹还休、欲取犹虑、欲罢不能的忐忑不安情态之中。用现代心理学的法则分析，四十岁左右的成熟而又多情的男人，正是所谓"洛丽塔情结"最明显的时候，而处于豆蔻年华的朝云，在她所崇拜的天下一流才子面前，恰似一朵含苞欲放、美艳无比的鲜花。所谓"墙里墙外"，犹如《红楼梦》中的"槛内槛外"，墙和槛，都由人的年龄不同、身体状况相异、所持志趣不同所造成，一旦打破这道墙、槛，就会电穿雾幔，雷击云开，巫山云雨，不期自来。

《雨中花慢》作于深秋，这时的密州，经过苏轼接近一年的不懈努力，再加上熙宁八年（1075）春夏之际老天连降喜雨，百姓的生活已渐渐好转。苏轼一有闲暇，便与属僚们出城射猎，从"踽踽亦非狂"的太守，一变而为"老夫聊发少年狂"的雄赳赳的猎场英雄，可见他早已从身心交瘁中康复过来。此时酒宴之后，他与朝云独处一室，如果眼前的佳丽还不像

开放着的牡丹一样"向我依然",那苏轼就不是风流才子,也不是"多情"之人,朝云也枉费了青楼时光。

最有意味的还是《雨中花慢》结尾那句:"不如留取、十分春态,付与明年。"这表明苏轼在是否立即将朝云收房的事情上,表现得极为审慎和隐忍。这三句与《蝶恋花》词中的"月笼云暗重门锁",描写的是同一种心态和情致。朝云虽然早熟,但在他面前毕竟还是个孩子,苏轼不忍心让她过早承受"一夜风霜"。另外一点,也是至关重要的,宋代礼法规定,女孩子十四岁才算成人,方许出嫁;苏轼身为太守,政敌们又紧紧盯住不放,他不愿在个人私生活上给别人留下口实,因此将这事推后一年,于私情、于公理,都不失为明智的抉择。

"明年"就是熙宁九年(1076),朝云来到苏家整整三年,正合本节开篇那首《雨中花慢》中的"正好三春"。

也就是说,苏轼晚年悼念朝云时的"又岂料、正好三春桃李,一夜风霜",既指心爱的人在岭南才历三个年头,便被风霜瘴疫所摧残,又暗合当初朝云来到身边三年之后,被他"摧折"的往事。只有这样,那篇词里的"长记当初,乍谐云雨、便学鸾凰"才植根深远,而东坡"算应负你,枕前珠泪,万点千行"的悔恨才更为幽深、绵长。

苏轼平生共写过三首《雨中花慢》,他将这种最适宜表达男女私情的慢词,无一例外地全献给了朝云。另外一首也作于密州,全词是:

邃院重帘,何处惹得多情,愁对风光。
睡起酒阑花谢,蝶乱蜂忙。
今夜何人,吹笙北岭,待月西厢?
空怅望处,一株红杏,斜倚低墙。

羞颜易变,傍人先觉,到处被著猜防。
谁信道,些儿恩爱,无限凄凉。
好事若无间阻,幽欢却是寻常。
一般滋味,就中香美,除是偷尝。

　　"待月西厢下，迎风户半开。拂墙花影动，疑是玉人来。"这是唐人传奇《丽情集》所载的崔莺莺送给张生的诗句，也是后来各种《西厢记》剧目的由来。苏轼对这段故事十分熟悉，在做徐州太守时，他还专为友人送来的崔莺莺的画像题写过诗①。值得说明的是，这首《雨中花慢》中的"西厢"，其实就是他在州衙夜宿养病的"西斋"。苏轼将自己与十四岁的"香美"朝云的爱情故事，借"待月西厢"作了极为浪漫的演绎。这首词，既可称为"实景谩录"，也可视为词家故作姿态，所谓"偷尝"，不乏意念上所猎求的另类刺激。苏轼还有一首《南歌子·有感》，其中也有"美人依约在西厢，只恐暗中迷路、认余香"之句，从"簟纹如水玉玑凉"等意象来看，同样是写给朝云的。词中的情景若是真的发生在九百年前的风流太守和身边的绝佳侍妾身上，也没什么值得大惊小怪的，何况苏轼喜欢戏谑，总爱在诗词中把那般情景弄得虚虚实实、扑朔迷离。

　　可是后来许多喜欢苏东坡的人，看到这种"偷情"词，便要寻找两片树叶贴上双目，还喋喋不休说它是后人"伪托"，生怕因此损了他们心目中圣洁的偶像；更有甚者，连开篇苏轼写于岭南那首悼念朝云的《雨中花慢》，也被某些人断为"不类坡词，苦无显证"②。可以想象，倘若苏轼将自己的私闺房事全"录"下来，再向他们展示，这些老夫子们不背过气去才怪呢。笔者曾有《偶遇》绝句，专叹此事：

　　　　　强遮情窦谩言苏，偕凤游龙夸未足。
　　　　　偶遇云龙雨凤境，奔逃掩面知何如？

　　行文至此，读者会问：苏大才子如此行事，意将"老妻"置于何地？

　　其实在中国古代社会，有身份的男人宠幸身边的侍妾，乃家庭生活里司空见惯的事。苏轼对朝云爱之炽烈，并不影响他和闰之正常夫妻情分。闰之身为"老妻"，深知丈夫的秉性和自己在才情方面的天生不足，自从

---

　　① 见《章质夫寄惠崔徽真》，《苏轼诗集》卷十六。
　　② 朱孝臧语，参见邹同庆、王宗堂：《苏轼词编年校注》"存疑词"，北京：中华书局2002年版，第913页。

朝云来到身边那天起，她就像那个时代大多数诰命夫人一样，做好了为朝云"梳理"的准备，此举不仅能让夫妻感情更加和睦，更能拴住"多情"的丈夫，省得他在外面的飘飘彩袖阵营里沉迷忘归，实属欲擒故纵的明智之举。这一点，除了来自对闰之宽厚性情的分析之外，另有一首毫无争议、实属苏轼所写的《南乡子》词，可向我们揭示此类谜底：

> 冰雪透香肌，
> 姑射仙人不似伊。
> 濯锦江头新样锦，非宜，
> 故著寻常淡薄衣。
>
> 暖日下重帷，
> 春睡香凝索起迟。
> 曼倩风流缘底事？
> 当时，爱被西真唤作儿。

这首词题为《有感》，显然表明苏轼在抒发男女恩爱方面的切肤感受。开头的"冰雪透香肌"之"伊"，不言而喻，是赞美朝云肤质胜过传说中的仙女；尾句中的"西真"，就是西方真人王母娘娘。《汉武故事》说，西天王母曾将三次偷她仙桃吃的东方朔（字曼倩）称为小儿。"三次偷桃"的故事，用来暗寓苏轼与朝云的故事，又给人们留下几多畅想的余地。正因为此，这里的"西真"——西天王母可能还另有所指——宽厚贤惠、善解人意、早就为人之母、甚至可当朝云之母而且本身就姓王的闰之，坦然笑对淘童游戏，完全符合当时的情理。请大家注意词中的"濯锦江头新样锦"之句，"濯锦江"乃蜀郡成都的泛指，"新样锦"是指成都妇女所翻新的盛装样式；提供如此华鲜艳丽的家乡服饰样式，除了胸怀宽大的闰之，还会有谁？"故著寻常淡薄衣"，表明那是个非同"寻常"的日子。尽管在那隆重的夜晚，不解蜀郡风俗的朝云仍然爱穿舒身的便衣，可在苏轼的心目中，"濯锦江头新样锦"同样难以忘怀，追求"曼倩风流"的他，对"西真"王母同样心存感激。至于他将朝云名正言顺地"收房",具体时间是在密州还是徐州,都已无关紧要。有一点需要提及:在"当时"苏家,"西真王母"既可把朝云称作"侍儿"之儿,也可将时而故求乖张、终生童心未泯的苏轼称作"淘气小儿",这里也是一语双关,一切都由读者想象去。

只是,"爱被西真唤作儿"中的"爱"字,才是苏轼《有感》的实质。

彩笺写遍： 一看一回和泪收

从密州到徐州，再到湖州，苏轼一直与家人厮守在一起。在朝云经历"乍谐云雨，便学鸳鸯"的过程后，苏轼的情感和家庭生活进入非常稳定的状态。论母仪、持家，闰之做得面面俱到；说情调、温存，朝云让他处处称心。在这两个女人的陪伴下，任凭徐州官妓马盼盼胶贴漆粘、湖州佳人糖腻蜜融，苏轼都可从容应对：表面上风流益甚，内心里心定如磐，从而得以在政务上投入更多的精力。他的政敌们为将反对派的这面大旗扳倒，只能从其诗文中寻找破绽，在私生活上，苏轼没有露出任何咂缝吮隙，这一切，不能不归功于内室稳定、妻妾相得。

乌台诗案的突发，使苏轼从风光无限的太守之位直坠向幽谷之底，与他有文字牵连的朋友都受殃及，家人更是无须多言。在被捕、审讯、流放等狂风骤雨似的持续打击下，他的家庭稳定如初，即便闰之受到抄家惊吓，气得她将那些惹是生非的诗文付诸一炬，也没有将朝云和"胡琴婢"一道遣散、放归。

有的学者从现代婚姻制度出发，认为直到朝云十七八岁，也就是到了黄州之后，才被苏轼纳为侍妾①，有的人甚至这样说：

> 就在苏轼跨出"乌台诗案"的鬼门关，贬谪黄州后，她义无反顾地彻底走进了苏轼生活的全部空间。

---

① 饶学刚《东坡黄州生活、创作系年》之元丰三年八月："乳母任采莲病逝。东坡纳朝云为妾"。见饶学刚：《苏东坡在黄州》，北京：京华出版社1999年版，第11页。

黄州，犹如是苏轼生命运行轨道中的一个"空间站"。这个"空间站"自然而愉快地接纳了她。从物质到精神，从精神到物质，苏轼与朝云共同完成了这个循环过程，精神境界达到了极至的升华，灵与肉的结合，得到了最完美的超越——朝云正式成为苏轼的妾。

——熊朝东《芳草天涯路》之《王朝云》①

"义无反顾"等语言，将朝云赞誉得甚是英烈；"走进了苏轼生活的全部空间"，然而东坡的生活空间，怎会只像朝云身条那样细窄？自从苏轼"蒙恩责授检教水部员外郎、黄州团练副使"，他的薪俸便没有着落，有时不得不靠变卖官府的空酒囊为生，② 在"物质生活"上已然沦入社会底层，不得不靠友人接济度日，直至马梦得帮他请到"东坡"那块荒地，才有了自食其力的条件——朝云和闰之一样，在黄州所得到的赐予，除了贫困就是忧愁，只有东坡的诗词文章，还有他诙谐的故事，才能给她们带来几丝精神上的安慰。

如果朝云在乌台诗案之前尚未成为家庭生活的一员，或者说她与闰之的关系仅为一般，甚至是貌合神离，那么在苏轼被捕、全家老小逃难似的投奔苏辙的颠沛流离过程中，任凭朝云如何"义无反顾"，恐怕也要被生活极为艰难的闰之给打发了。但事实却是，闰之不仅没有怠慢朝云，反而将她从湖州带到南都（今河南商丘），又从南都经过汴水、淮水、运河、长江而赴黄州贬所，让朝云始终安然地生活在她的身边。

身陷囹圄、被贬幽居的苏轼，在这一时期的诗文、书信中都没谈及朝云，但积于内心的情感，却在一首词中得到倾诉，这就是后来才被发现的那首长调《沁园春》。

---

① 熊朝东：《芳草天涯路》，成都：巴蜀书社 2003 年版，第 255 页。
② 苏轼《初到黄州》："逐客不妨员外置，诗人例作水曹郎。只惭无补丝毫事，尚费官家压酒囊。"诗后自注："检校官，例折支多得退酒袋。"

情若连环，恨如流水，甚时才休？

也不须惊怪，沈郎易瘦；

也不须惊怪，潘鬓先愁。

总是难禁，许多魔难，奈好事教人不自由。

空追想、念前欢杳杳，后会悠悠。

凝眸。悔上层楼。

谩惹起、新愁压旧愁。

向彩笺、写遍相思，字了重重封卷，密寄书邮。

料到伊行，时时开看，一看一回和泪收。

须知道、俱这般病染，两处心头。①

彩笺，传说系唐代女才子薛涛发明

---

① 此词《东坡乐府》、傅干《注坡词》及《全宋词》均失收，后由孔凡礼先生从明万历年间所刊《重编东坡先生外集》卷八十三中辑出，收入《全宋词补辑》，"须知道、俱这般病染"中的"俱"字，原为缺文，为叙述方便，笔者依律窃补。

　　这首词显然是写给朝云的。元丰三年（1080）三月初至五月末，苏辙因去年上书请求以自己官职贷兄长之罪，被贬到筠州（今江西高安）监理盐、酒税务，他顺道护送嫂嫂一家前往黄州。在为期接近三个月的漫长行程中，子由不停地往黄州递送书信，以免兄长担忧。苏轼在与弟弟频繁的书信往来之际，特意找来朝云喜欢的"彩笺"，写下这首长调，并且"重重封卷"，让信使悄悄交给朝云。词中脱尽浮花浪蕊，字字都是挚情流露。上阕交代自己遭受"魔难"后的境遇，虽有沈约般的忧思、潘岳似的霜鬓，却连用两个"也不须惊怪"，无奈之状，一唱三叹，悲情往复。他将对妻儿老小和朝云的"连环"情感，以及对不住家人的悔恨，全在回环往复中沉痛道出。

　　词的下阕专写对朝云的思念，"悔上层楼"一语，既有对往日倾情贯注的回顾，也有今日不愿登高远望的悲叹。"新愁压旧愁。向彩笺、写遍相思"一语，更会让朝云涕泪横流。"料到伊行"以下，遥想江河行舟之中，朝云会将此词"时时开看"，势必"一看一回和泪收"，同时也在提醒她，当年自己在读她的"香笺"时，曾有"读遍千回与万回"的珍重。词的结语落在人分异处、相思却同之上，"这般病染，两处心头"，意味着彼此都在牵挂着对方。

　　这的确是一首"洗却绮罗香泽之态"的长调，但它依旧缠绵委婉，心泪合流，令人不忍卒读。

　　自幼生活在笙歌艳舞里的朝云，经过这一番颠沛流离，玉容为之萦损，雪肌为之消瘦。本来风姿绰约、十分苗条的她，待与苏轼重新见面时，已被困苦和相思折磨得容颜憔悴、不忍目睹。

　　请看苏轼的《虞美人》：

> 冰肌自是生来瘦，
> 那更分飞后。
> 日长帘幕望黄昏，
> 及至黄昏时候、转销魂。

君还知道相思苦，

怎忍抛奴去？

不辞迢递过关山，

只恐别郎容易、见郎难。

　　词的上阕是苏轼的眼前情景和切肤感受，下阕则借用朝云的话语，述说她的境遇和情思。"君还知道相思苦，怎忍抛奴去？"这声夹杂爱怜的幽怨，将离别之苦、相思之切全然道出，其中不乏责怪与娇嗔。"不辞迢递过关山，只恐别郎容易、见郎难"，更是她在坎坷路途中不断重复的心声。苏轼将朝云的话融入词中，确实会使二人"一唱一回双泪流"。

红芳抱蕊：丛中已结新莲子

> 春云阴阴雪欲落，东风和冷惊罗幕。
> 渐看远水绿生漪，未放小桃红入萼。
> 佳人瘦尽雪肤肌，眉敛春愁知为谁？
> 深院无人剪刀响，应将白纻作春衣。

以上是苏轼《四时词》中的第一首"春词"，作于元丰四年（1081）初春，朝云刚满十八周岁，与苏轼一同住在贬谪之地黄州。《四时词》源于"闺怨"，南北朝时诗人吴均曾在《春怨诗》中写道：

> 四时如湍水，飞奔竞回复。
> 夜鸟响嘤嘤，朝花照煜煜。
> 厌见花成子，多看笋成竹。
> 万里断音书，十载异栖宿。
> 积愁落芳鬓，长啼坏美目。
> 君去在榆关，妾留住函谷。
> 独唤响相酬，还将影自逐。
> 象床易毡簟，罗衣变单复。
> 几过度风霜，犹能保茕独。

——《诗纪》卷八十一，《玉台新咏》作王僧孺诗

显而易见，这是闺中佳人思念远行爱人的诗体。苏轼将这种体裁改成

七言八句，类似于词中的《玉楼春》，不过他还在"拟古"，即用南北朝时人的口吻，以"高楼""远望"等字眼，摹写闺中少妇的落寞情思。苏轼没有女儿，忙于耕种、医牛的老妻闻之此时更没这般情致，此类拟古《四时词》，只能写给朝云。他要在曲子词的新瓶中，装入南北朝乐府诗的内容，以此来宽慰与自己同样落魄的意中人。

《四时词》分别摹写春、夏、秋、冬四季美人情态，既是想象之词，不必零散而为。这一组诗，大约作于早春，在梅花将谢、桃杏吐萼之时。

第一首诗中的"佳人瘦尽雪肤肌"，分明是《虞美人》中"冰肌自是生来瘦"的互文，"眉敛春愁知为谁"则是故作设问；"深院无人剪刀响，应将白纻作春衣"为实写，过去多年养尊处优的朝云，此时不得不自己动手，缝制换季衣衫。接下来的"夏词"，明显地透出了朝云的身影：

> 垂柳阴阴日初永，蔗浆酪粉金盘冷。
> 帘额低垂紫燕忙，蜜脾已满黄蜂静。
> 高楼睡起翠眉嚬，枕破斜红未肯匀。
> 玉腕半揎云碧袖，楼前知有断肠人。

苏轼在密州当太守时，朝云的形象是"玉腕揎红袖"，如今他被贬幽居，变成了"玉腕半揎云碧袖"，与蔡景繁信中所称赞的"云蓝小袖"正相吻合。

> 新愁旧恨眉生绿，粉汗余香在蕲竹。
> 象床素手熨寒衣，烁烁风灯动华屋。
> 夜香烧罢掩重扃，香雾空濛月满庭。
> 抱琴转轴无人见，门外空闻裂帛声。

第三首"秋词"，当然要写秋天情景。"蕲竹"就是黄州、蕲水一带的竹子，当地人用它来做竹床、竹椅，能够沾染上朝云的"粉汗余香"，也是那里竹器的难得福分。"新愁旧恨眉生绿"，让我们想起"半年眉绿未曾开"，这里隐约再次现出王弗的影子。出身青楼的朝云，自然有其"旧恨"，但她的新愁、旧恨很快就会消弭在繁忙的家务之中，"象床素手熨寒衣"，乃吴均《闺怨诗》中"象床易毡簟，罗衣变单复"的变格。秋与韵律中的"商"相对应，朝云抚起琴来，便将音律调为商声，不断奏出"裂帛"般的悲情，这与第一首诗中的"深院无人剪刀响，应将白纻作春衣"，正是相映成趣。

> 霜叶萧萧鸣屋角，黄昏陡觉罗衾薄。
> 夜风摇动镇帷犀，酒醒梦回闻雪落。
> 起来呵手画双鸦，醉脸轻匀衬眼霞。
> 真态香生谁画得，玉如纤手嗅梅花。

最后一首诗写朝云在冬季时的情态。"醉脸轻匀衬眼霞""玉如纤手嗅梅花"都可视作苏轼笔下朝云的标志性动作。"真态香生谁画得"，则是诗人发自内心的感慨。十五年后，朝云在惠州病逝，苏轼《雨中花慢》中的"丹青易画，无言无笑，看了谩结愁肠"，便是对这句诗的回应。

有了东坡先生此等妙词加以宽慰，朝云身体康复，情绪渐佳，自是不待多言，更无须寻求证据。元丰五年（1082）夏天，东坡与朝云一起乘凉，为她续写"冰肌玉骨，自清凉无汗"之词，意味她已全面恢复，这才有生个孩子作为挚爱结晶的愿望。

前面提到的苏轼《红梅三首》，便是在上面这种"玉如纤手嗅梅花"情境之后写出的，为此我们才有充足的理由，将它与朝云紧密地联系在一起。此后还有一首《蝶恋花》，同样是为朝云而作：

玉枕冰寒消暑气。

碧簟纱厨，向午朦胧睡。

莺舌惺忪如会意，

无端画扇惊飞起。

雨后初凉生水际。

人面桃花，的的遥相似。

眼看红芳犹抱蕊，

丛中已结新莲子。

  有人仅凭《珠玉词》中曾有"人面荷花"，便将这首含有"人面桃花"的佳作判给了晏殊。[①] 自从唐人崔护在《题都城南庄》里吟罢"人面桃花相映红"，后人再将"人面"之后改缀荷花、杏花、杜鹃花，无疑皆类笨伯。其实苏轼这首词写于盛夏暑际，哪里还有"的的"（光鲜动人之意）桃花可看？"眼看红芳犹抱蕊，丛中已结新莲子"，分明是暗喻身怀六甲的朝云，是《红梅三首》中"抱丛暗蕊初含子"的自然延续。

---

① 邹同庆、王宗堂：《苏轼词编年校注》"误入苏集词"，北京：中华书局 2002 年版，第 935 页。

痛失骄儿： 恩爱之刃割衰肠

元丰六年（1083）九月二十七日，二十一岁的朝云为苏轼生下一个儿子。这孩子看上去很像东坡，尤其是眉眼和额角，都有乃父之神韵，令苏轼十分欣喜。他的大儿子叫苏迈，次子叫苏迨，三子叫苏过，名字全带"走之儿"。在这一段时间里，苏轼正遵父亲遗命，接替他为《易经》作《传》，于是他用《易经》中的第三十七卦"遁"，给新生的儿子命名。"遁"是远离政治旋涡、消遁、归隐的意思，这一卦的爻辞中说："嘉遁，贞吉"，"好遁，君子吉"。可见这个名字，既寓有自己远遁世外之义，又包含着对儿子的诸多美好祝愿。

"遁"卦为上为"乾"，下为"艮"，"乾"卦中部之阳爻处于"九五"之位，与"艮"卦中部之阴爻"六二"相呼应，因此卦辞称"刚（阳刚）当位而应，与时行也"，就是上下阴阳协调，应该"与时偕行"。眼下的"与时俱进"，就是从"与时偕行"当中来的，不同的是，"与时偕行"之行，既包含着"进"，也包含着"退"，一切都由外部时机和自己与之是否相应来决定。

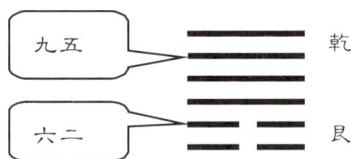

遁卦简释

增添了这样一个宝贝儿子，全家上下其乐融融，东坡更想彻底归隐。苏家自他父辈开始专意科举，但老苏先生多次应试，都没成功，东坡与弟弟一举成名，使父亲极为快慰，只因出身寒门，没有大的靠山，他们兄弟二人又极其耿直，不会谄谀逢迎，所以仕途极为不顺。因此东坡不让自己的儿子读死书，也不鼓励他们参加科举考试，只要会干活儿，能做个自食其力的人，他就心满意足了。为此，他给新生儿取了个乳名"干儿"——喜欢干活、长大了不求虚名、讲究实干的儿子。

在干儿满月的时候，东坡召集全家，依照当地风俗，举行一个隆重的洗儿会，他又将自己的心思向众人讲了一遍，同时写下一首绝句：

> 人皆养子望聪明，我被聪明误一生。
> 唯愿孩儿愚且鲁，无灾无难到公卿。
>
> ——《洗儿戏作》

然而命运就是如此乖戾，你愈想无灾无难，上苍偏偏就不让你安生。元丰七年（1084）三月，苏轼又接到诏命，将他改为汝州团练副使，易地京西北路安置。苏轼接到诏令后不敢怠慢，四月中旬便携家启程，再度沿江东下，以借道运河、淮河再去京西。这是当年闰之和朝云投奔他来黄州时的路线，三个月左右的江河行船，让苏轼的乳母任奶妈在途中染上重病，到黄州不久便逝去，子由也因此损失了幼小的爱女。这次朝云所生的干儿才半岁左右，怎禁得五月以后的暑热天气、江上的风吹汗蒸？七月二十八日，当他们的船停泊在金陵江岸时，小小的干儿中暑不治，夭亡在朝云的怀抱里。

> 吾年四十九，羁旅失幼子。
> 幼子真吾儿，眉角生已似。
> 未期观所好，蹁跹逐书史。
> 摇头却梨栗，似识非分耻。
> 吾老常鲜欢，赖此一笑喜。

这首诗题目很长：《去岁九月二十七日，在黄州生子遁，小名干儿，颀然颖异。至今年七月二十八日，病亡于金陵，作二诗哭之》，其实也是诗序。从上面文字中，可以看到东坡对儿子的喜爱：看到孩子对他的诗书感兴趣，便以为他将来又是块读书的料；孩子摇头不要梨果，即认为是像孔融那样懂得仁让之礼。年近半百的东坡先生，因为添了这个儿子，郁郁寡欢的心情得到莫大的抚慰。然而刚刚半年，孩子就意外夭折，这使他陷入极度悲恸之中。为此苏轼深深地自责着，甚至认为干儿之死，是受到自己的连累：

> 忽然遭夺去，恶业我累尔！
> 衣薪那免俗，变灭须臾耳。
> 归来怀抱空，老泪如泻水。

东坡的哀伤已近极致，朝云的悲痛可想而知。诗的第二首，直接述说此时的朝云：

> 我泪犹可拭，日远当日忘。
> 母哭不可闻，欲与汝俱亡。
> 故衣尚悬架，涨乳已流床。

这种让人哀毁的诗句，既可视作人生苦难的"诗史"，也是东坡与朝云相知相慰的告白。尤其是"故衣尚悬架，涨乳已流床"这两句，不是情挚意切爱那女人、那孩子，不是生活中对他们精心呵护的人，怎会将老妈子眼中的情景写进诗内？

朝云一生虽然没有夫人的名分，但就这几句诗，足以说明，生活上一向大而化之的东坡先生，对朝云的同情和理解，几乎到了心愫相通、脉搏连动的地步。

在对朝云爱怜的同时，东坡仍在追悔，不停地埋怨自己：

储药如丘山，临病更求方。

仍将恩爱刃，割此衰老肠。

"医不自医，卜不自卜"，这是古人的一句俗话。也许干儿全由通晓医道的东坡自己医治，还不至于离他而去，可他实在太珍爱这个孩子了，万一干儿在他手下有个好歹，他那"多情"善感的心，哪里担待得起？越是小心，就越麻烦，恶果出现了，孩子死掉了！一把沾满夫妻情、父子情的"恩爱刃"，真要将东坡的肠子割成碎片……

干儿死后，东坡决意不去汝州，他向神宗上表，要求在常州居住，一方面与他的常州情结密不可分，另一方面，也与要安身立命、悉心照料肝肠寸断的朝云不无关系——常州在太湖周围，那里的山水和风土民情，应最称朝云心意。

还有一点，从未引起人们的注意，那就是十七年后，东坡先生也在七月二十八日仙逝，他与小儿子苏遁，担着同一个忌日。

清歌春态： 兰台公子赋高唐

因丧子之痛，朝云沉寂了很久，从此她开始吃斋念佛。无论是元丰八年（1085）神宗去世后，东坡被起知登州、接着回朝任翰林学士，还是元祐四年（1089）再赴杭州任太守，在这期间都很少见苏轼给朝云再写聊以弦歌的小词。杭州是朝云自幼生长的地方，东坡到任之后，曾在浚通西湖、修建苏堤等繁忙政务之余，带着朝云游览湖山，《西湖梦寻》曾记载道：

> 秦楼：初名水云楼，东坡建。常携朝云至此游览，壁上有三诗，为坡公手迹。

即便如此，仍然很少见到东坡此间为朝云写过"乐语"。直至干儿夭亡七载之后，也就是元祐六年（1091）五月东坡从杭州再度被召回朝，我们才隐约听到朝云清婉的歌声，朦胧见到她妙曼的舞姿。

元祐六年（1091）七月，东坡最喜欢的弟子秦观升任秘书省正字，二人有很多机会在一起吟诗作词。一次秦观来到先生家里，东坡便让朝云出面招待，并为他们唱上一曲。朝云也很欣赏秦观的才华，于是高兴地且歌且舞，展示她出众的才情。歌舞既罢，朝云即回内室，而秦观却为她的风采所倾倒，情不自禁地写下一首《南歌子》：

霭霭迷春态，溶溶媚晓光。

不应容易下巫阳。

只恐翰林前世、是襄王。

暂为清歌住，还因春雨忙。

瞥然归去断人肠。

空使兰台公子、赋高唐。

当时盛夏刚过，暑热未尽，秦观却满眼春光："春态"与"春雨"同时入词，更用"兰台公子"自况（兰台为秘书省的别称），在直言赞颂先生便是楚襄王、朝云便是巫山神女之后，表达出他要像宋玉那样，再写一曲《高唐赋》的强烈愿望。东坡高兴异常，立即写下一首同调词，作为回应：

云鬓裁新绿，霞衣曳晓红。

待歌凝立翠筵中。

一朵彩云何事、下巫峰。

趁拍鸾飞镜，回身燕漾空。

莫翻红袖过帘栊。

怕被杨花勾引、嫁东风。

词中的朝云身着霞衣，身姿如燕，趁着音乐的节拍，从容地唱着。轻盈的舞步，仿佛让东坡再次看到巫山彩云飘然而至的情景。兴致盎然的他还在词中开玩笑地说：好啊，幸亏她穿过帘栊及时返回了，不然的话，老夫还真怕她被多情飘荡的杨花勾引走了呢！

东坡与王安石除了变革观念不同外，在治学上也有很大的分歧。他反对王安石让后学们必须与自己"同一"的做法，说那样只能导致千人一面，满眼都是白苇黄茅。东坡要求自己的学生不要在自己后面亦步亦趋，只有显露自己的特色，才能取得大的成就。因此他的门下群芳争艳，各逞奇特。在师生交往过程中，他从来不端架子，时常与学生们开玩笑，比如有一次，他调侃黄庭坚说：你的草书怎么那样花哨，就像树枝上挂着一串串蛇似的！黄庭坚反唇相讥：先生啊，我看您的正楷，写得扁扁的，与石头下压着的癞蛤蟆没有什么区别！东坡听后哈哈大笑。①

就是这位黄庭坚，有一首《画堂春》词，很像东坡再次离开朝廷，出任颍州、扬州太守时，他写给恩师的赠别之词：

> 东堂西畔有池塘，
> 使君扉几明窗。
> 日西人吏散东廊，
> 蒲苇送轻凉。
>
> 翠管细通岩溜，
> 小峰重叠山光。
> 近池催置琵琶床，
> 衣带水风香。

此词与秦观的《南歌子》同韵，意境也颇相似，很像是同一时期写的。如果词中的"使君"是指行将再任太守的东坡先生的话，那么"琵琶床"则是他想象中的朝云所依，因为"衣带水风香"特别符合朝云的气质。

苏轼在任扬州太守时，他的学生晁补之也在那儿做了通判，师徒二人相辅相成，亲密无间。晁补之有首《南歌子》，与秦观赞美朝云的同调，内容也很接近：

---

① 见宋·曾敏行《独醒杂志》卷三。

> 睡起临窗坐，妆成傍砌闲。
> 春来莫卷绣帘看。
> 嫌怕东风吹恨、在眉间。
>
> 鹦鹉花前弄，琵琶月下弹。
> 蓦然收袖倚栏干。
> 一向思量何事、点云鬟？

又是"春来"，再度要求"莫卷绣帘"，弹的还是"琵琶"。只是被先生戏称大有"勾引"之嫌的"东风"，在这儿变成"吹恨"于"眉间"的东西。

苏门四学士中，唯独张耒不善绮语，但在他仅存的四首词中，仍有一篇《减字木兰花》，与上述诸词深有关联：

> 个人风味，只有江梅些子似。
> 每到开时，满眼清愁只自知。
> 霞裙仙佩，姑射神人风露态。
> 蜂蝶休忙，不与春风一点香。

所谓"个人风味"，即是"那个人的风姿与品味"，江梅、霞裙、姑射神人，都是苏轼诗词中朝云的代称。而"霞"就是"子霞"（朝云的字）的缩写。最有趣的在于，"蜂蝶休忙，不与春风一点香"，表露出张耒在学生当中最为本分，他对恩师身边的仙人不仅没有非分之想，反而取笑师兄弟们都是空献殷勤，自重的朝云绝不会让你们得到馨香的。

行文至此，人们对为什么只要"四学士"一到，就必须由朝云出来"祗应"的猜想，已经无须解释了。朝云既是"四学士"眼中的仙女，也是他们心目中的偶像；朝云既可给他们煮茶、唱曲、起舞，也应该与他们一道交谈——在某种程度上，朝云与他们已成为息息相通的朋友和伙伴。

天涯芳草： 妙意有在终无言

元祐七年（1092）十一月，在颍州、扬州任上总共任职刚满一年的东坡先生，又以出任兵部尚书的名义被召回汴京。由于苏辙此时已经当上副宰相，按宋代朝规，兄弟不可同在执政之列，东坡的官位就此止步。不过朝廷在他的翰林、侍读双学士之外，又加上"端明殿学士"之职。在当时，只有宰相和执政大臣离任，才给"端明殿学士"这种荣衔，可见东坡先生在朝中的地位非同一般。

然而苏轼只要在朝，总被自己的政敌视若眼中钉、肉中刺，特别是惟礼是尊的程颐弟子们，动不动就拿他曾在诗文中讥讽先帝（神宗）说事。黄庭坚、秦观入朝后，他们更将"淫邪"等耸人听闻的诬蔑之词加到所谓"蜀党"身上，弄得东坡如蝇在盏，避之不及。这年夏秋，太皇太后疾病缠身，已是朝不保夕，宋哲宗年至十七八岁，行将亲政，一些投机者趁机在年轻的皇帝面前大谈神宗当年变法之事，引导他"绍圣"，即继承乃父遗志。作为皇帝的老师，东坡曾在授课时多番陈述自己的政见，无奈哲宗与其父亲一样，志在丰功伟绩，再加上他对垂帘多年的老祖母有逆反心理，老师的话他根本听不进去，东坡无奈，再三请求外任，太皇太后却不应允，东坡终日闷闷不乐。

宋人费衮的《梁溪漫志》，曾记载这样一件趣事：

东坡一日退朝，食罢，扪腹徐行，顾谓侍儿曰："妆辈且道，是中有何物？"一婢遽（急忙）曰："都是文章。"（东）坡不以为然。又一人曰："满腹都是识见。"（东）坡亦未以为当。至朝

《西园雅集图》。在北宋中后期，苏轼一直处于汴京文化的中心

云，乃曰："学士一肚子不入时宜。"（东）坡捧腹大笑。

这个故事虽有调侃、戏谑成分，从中却可看出，朝云的见识远远高于诸位侍妾，只有她，才配做东坡的知音。

元祐八年（1093）八月一日，闰之病故。九月初三，太皇太后高氏卒。十天之后，东坡被命以端明殿学士兼翰林侍读学士、礼部尚书之衔出知定州。在定州任上，东坡把另一位很有才华的年轻人李之仪聘为幕僚。李之仪的夫人名叫胡文柔，年岁与朝云相仿，也喜欢诵读佛经，于是她们成了好朋友，东坡戏称胡文柔为"法喜上人"。李之仪在自己的《姑溪集》中这样记载：

余从辟苏轼子瞻府，文柔屡语余曰："子瞻名重一时，读其书，使人有杀身成仁之志。君其善同之邂逅。"子瞻过（访）余，方从容笑语，忽有以公事至前，遂力为办理，以竟曲直。文柔从屏间（见之），叹曰："我尝谓苏子瞻未能脱书生谈士空文游说之蔽，今见其所临（事）不苟，信（为）一代豪杰也！"比通家，则子瞻命其子、妇尊事之，常以至言妙道嘱其子、妇，持以论难，呼为"法喜上人"。子瞻既贬，（文柔）手自制衣以贶（馈赠），曰："我一女人，得如此等人知，我复何憾?！"

　　胡文柔也是在东坡先生身边出现的一个奇女子，她对东坡的评价和亲自缝衣相赠，从另一角度展现了"一代豪杰"的卓异风姿和他在女性心目中的高大形象。东坡被贬岭南后，李之仪不断写信问候，而朝云则"最荷夫人垂顾"①，可见上文中的"子"，当为年纪尚小而守在东坡身边的苏过，"妇"就是与胡文柔往来密切、最让她牵挂着的朝云。虽无夫人名分，却被以"妇"称之，这就是东坡友朋心目中的朝云。

　　绍圣元年（1094）四月，宋哲宗起用章惇、曾布、蔡京等人当政。闰四月，东坡落职翰林及侍读学士，贬知英州。六月下旬，行至金陵之西的当涂，又被御史奏了一本，以"指斥宗庙"等罪，贬为宁远军节度副使，惠州安置。东坡于十月二日抵达惠州，他在给友人的信中说：

　　　　自当涂闻命，便遣骨肉还阳羡（常州），独与幼子（苏）过及老云并二老婢共吾过岭。

　　　　　　　　　　　　　　　　——《与陈季常十六首》之十六

　　当时朝云才三十一二岁，东坡偏以"老云"称之，想人自然想起以前的"老妻"，东坡被贬，尽遣侍从，唯独留下"老云"，实际是以"老伴"目之。可见他们二人，互相都已难舍难分。

　　东坡后来在一首诗里，隐约谈到朝云的去留和名分问题。他把体弱而

---

　　① 见《答李端叔十首》之七，《苏轼文集》卷五十二。

貌美的朝云比作常春藤，其中六句透露了她的心志：

> 宁当娣黄菊，未肯姒戎葵。
> 谁言此弱质，阅世观盛衰。
> 颒然疑薄怒，沃盥未可挥。

——《和陶和胡西曹示顾贼曹》

"戎葵"春夏时开花，"黄菊"到深秋才吐蕊。"娣"是妹妹，"姒"为姊。"宁当娣黄菊，未肯姒戎葵"，是说朝云宁愿做位居于后的侍妾，不肯向前一步，谋取主妇的位置。有的学者在肯定东坡对朝云的挚爱时，说这句诗"似指东坡妻妾间的微妙关系"①，实为多疑。《尔雅·释亲》云："女子同出，谓先生为姒，后生为娣。"郝懿行《义疏》为："娣姒，即众妾相谓之词，不关嫡夫人在内。"很显然，东坡这里说，即便闰之不在人世，朝云在家里也不争位置先后，仿佛她这个弱女子，来到人间乐于观看盛衰荣辱，从不计较个人恩怨是非。"沃盥"是端盆子、以水浇手，表示侍候日常起居。"颒然疑薄怒，沃盥未可挥"，表示东坡在赴岭南时，曾向朝云谈及此行多艰难，意思是别的侍妾都已离去，你是否还愿跟我受苦？朝云顿时红了脸，有些生气地说：难道我连给你端水洗手都不配？仅此一语，便将她"敏而好义"、愈是艰难，愈对东坡先生不离不弃的可贵品质展现无遗。

宋代对侍妾的地位规定极严，如果有谁胆敢将侍妾立为夫人，必受朝廷惩处，即便王公贵胄也不可获免。如绍圣三年（1096）十二月，宗室赵宗景"丧其夫人，将以妾继室，先出之于外，而托为良家女且纳焉"，结果还是以"立妾罔上"之罪，被"罢开封府仪同三司"。②宗室贵胄尚且如此，像东坡这等贬谪之臣，在此事上更不可妄越雷池一步，显然朝云对这种礼制十分明白，因此她从没生过非分之思。

---

① 王启鹏：《苏东坡寓惠探幽》，西安：太白文艺出版社1999年版，第129页。
② 见《宋史》卷二百四十五《宗室列传》、卷十八《哲宗本纪》。

　　朝云与东坡先生相知之深，可谓一举手、一投足，都可知道对方的用意，东坡所写的诗词，哪怕是轻描淡写地涉及往事，也会引起朝云的感伤。最典型的莫过于东坡在岭南所写的《蝶恋花》词：

> 花褪残红青杏小。
> 燕子来时，绿水人家绕。
> 枝上柳绵吹又少，
> 天涯何处无芳草？
> 墙里秋千墙外道。
> 墙外行人，墙里佳人笑。
> 笑渐不闻声渐悄，
> 多情却被无情恼。

　　据说东坡写完此词，便让朝云去唱，朝云唱到"枝上柳绵吹又少"时，就"掩抑惆怅"，不胜伤悲，哭而止声。东坡问她怎么回事？朝云答道："妾所不能竟（唱完）者，'天涯何处无芳草'句也。"①

　　"天涯何处无芳草"一句，既有屈原《离骚》的"何所独无芳草兮，尔何怀乎故宇"之哀，又含白居易《琵琶行》"同是天涯沦落人"之叹，复蕴牛希济《生查子》词中"记得绿罗裙，处处怜芳草"之意，朝云除了哀痛她随先生一道沦落天涯之外，还会想到先生在汴京时写给诸位姐妹的"水连芳草月连云"（《蝶恋花·春情》），而"多情却被无情恼"一语，势必会让朝云想到先生在密州时写的"巷陌秋千……苦被多情相折挫"（《蝶恋花》），这首词虽然只有六十个字，却将东坡与她的往事前缘全都融入，怎能不让朝云浮想联翩，涕泪潸然？

---

① 见《词话萃编》卷十一引《东坡集》。

敛云凝黛： 天女维摩总解禅

不似杨枝别乐天，恰如通德伴伶玄。

伯仁络秀不同老，天女维摩总解禅。

经卷药炉新活计，舞衫歌扇旧因缘。

丹成逐我三山去，不作巫阳云雨仙。

上面这首七律，就是东坡到惠州不久所作的《朝云诗》。当时东坡正在赏读白居易的作品，当他看到《别柳枝》时，不禁感慨顿生。白居易的诗仅四句："两枝杨柳小楼中，袅娜多年伴醉翁。明日放归归去后，世间应不要春风。"所谓"两枝杨柳"，指陪在诗人身边的歌妓小蛮、樊素，白居易晚年因患风痹等症，便将她们遣散了。东坡由此想到自己此前放归的"数妾"，还有至今陪伴自己的朝云，于是挥笔写下这首诗篇。

首句的"杨枝"是指白居易的侍妾，"通德"则是汉成帝宠爱的宫女樊通德，她在出宫后得到伶玄的怜爱，二人朝夕相处，还写下《飞燕外传》等传奇作品。东坡使用樊通德的典故，是由白居易侍妾名叫樊素而产生的联想，"天女"二字向人们昭示，他将朝云比作从天宫里下凡的仙女，特来抚慰他这形单影只的落魄文人。"伯仁络秀"是一对母子，伯仁为晋代神童，络秀是他母亲，东坡用此二人比喻爱子干儿未能长大，不能陪伴朝云，加重了她与自己终身厮守的信念。"天女"既是仙女，也是伴随高僧维摩诘诵经的仙伴，她时常撒下花瓣，验证诵经者是否心诚，不诚者花瓣附不到身上，这就是著名的"天女散花"传说的由来。东坡将朝云视作天女，自己则是维摩诘，二人同时诵经，同时修炼养生之术，这就是下文的"经卷药炉",可见他们既在参禅,又在炼丹,凡能让身心康健、精神超脱的事,他们都在尝试。朝云体弱,东坡老迈,高唐神女、云雨巫山那种激情缠绵都成了过去,东坡只想早点炼成仙丹,与朝云一道"乘风归去",飞向蓬莱仙山。

"天女维摩总解禅",这是东坡与朝云在岭南志趣相同的真实写照,但他们并没有因诵经而忘情、因炼丹而意懒。东坡有首《殢人娇》词,题名也叫"赠朝云":

> 白发苍颜,正是维摩境界。
> 空方丈、散花何碍?
> 朱唇箸点,更髻鬟生彩。
> 这些个、千生万生只在。
>
> 好事心肠,著人情态。
> 闲窗下、敛云凝黛。
> 明朝端午,待学纫兰为佩。
> 寻一首、好诗要书裙带。

朝云终归是美女,愈美的女人愈自恋。镜子面前略整容颜,用筷子(箸)在唇间轻点,秀发随意扎成髻鬟,风采立即显现。然而她又多愁善感,时不时地会"敛云凝黛"。每当此时,东坡便要写诗赋词,为她宽慰,于是就有了"明朝端午……好诗要书裙带"。

词中的"千生万生只在",既在说朝云的风采万古永存,也在指二人的真情永世不衰。性子颇急的东坡先生,哪能等得到第二天?时隔不久,他就把题为"端午"的《浣溪沙》,提前写了出来:

轻汗微微透碧纨，

明朝端午浴芳兰。

流香涨腻满晴川。

彩线轻缠红玉臂，

小符斜挂绿云鬟。

佳人相见一千年。

"佳人相见一千年"，就是"千生万生只在"。东坡是最明白韶华易逝、人生如梦之理的，这里的"千年""万生"，意在表白，他们的真情，将随这些诗词永留人间。

同样是写"维摩境界"，《三部乐·情景》词却是别具风采：

美人如月，乍见掩暮云，更增妍绝。

算应无恨，安用阴晴圆缺？

娇甚空只成愁，待下床又懒，未语先咽。

数日不来，落尽一庭红叶。

今朝置酒强起，问为谁减动，一分香雪？

何事散花却病，维摩无疾？

却低眉、惨然不答，唱《金缕》一声怨切：

堪折便折，且惜取、少年华发。

这首词作于朝云染病之际，"何事散花却病，维摩无疾？"就是在说："为什么你这仙女生了病，我这和尚却没事？"东坡宁愿那病生在自己身上，以己之躯，代朝云受难。可朝云"惨然不答"，却用低沉的声音，给唱了一曲《金缕曲》。

《金缕曲》为唐代才女杜秋娘所作：

劝君莫惜金缕衣，劝君惜取少年时。

花开堪折直须折，莫待无花空折枝。

这一曲出自身染重病的朝云口中，让人不禁为之潸然落泪。朝云好像觉得来日无多，婉劝先生在她容貌姣好时多看几眼，免得自己将来变得难看了，会让先生得不到美的享受！从"落尽一庭红叶""减动，一分香雪"两句来看，尽管朝云此时已经病得不轻，可她还在尽力保持着自己美的尊严。

东坡先生对朝云更是一往情深，他把自己名作"明月几时有"词中最通达的几句搬了出来，"不应有恨，何事长向别时圆？人有悲欢离合，月有阴晴圆缺，此事古难全"数语，在这里化作"算应无恨，安用阴晴圆缺？"是啊，在东坡眼里，即便病得容颜憔悴，朝云仍是"美人如月"，不管阴云笼罩，还是碧天如洗，无论月圆似镜，还是弯钩如镰，她都是永远的婵娟，永世的美好。

为了让朝云迅速康复，东坡用尽解数，为其医治，自不待言。让人吃惊的是，身为编管罪臣，他竟将君臣大礼置于脑后，把过去只有皇上、太皇太后、皇太后生日及朝廷宴乐之际，自己才会写的祝寿"口号"搬移过来，献给自己心中的女神：

> 人中五日，知织女之暂来；
> 海上三年，喜花枝之未老。
> 事协紫衔之梦，欢倾白发之儿。
> 好人相逢，一杯径醉。
> 伏以某人女郎：苍梧仙裔，南海贡余。
> 怜谢瑞之早孤，潜炊相助；
> 叹张镐之没兴，遇酒辄欢。
> 采杨梅而朝飞，擘青莲而暮返。
> 长新玉女之年貌，未厌金膏之扫除。
> 万里乘桴，已慕仲尼而航海；
> 五丝绣凤，将从老子以俱仙。
> 东坡居士，樽俎千峰，笙簧万籁，
> 聊设三山之汤饼，共倾九酝之仙醪。

寻香而来，苒天风之引步；

此兴不浅，炯江月之升楼。

罗浮山下已三春，松笋穿阶昼掩门。

太白犹逃水仙洞，紫箫来问玉华君。

天容水色聊同夜，发泽肤光自鉴人。

万户春风为子寿，坐看沧海起扬尘。

——《王氏生日致语口号》

　　朝云自幼失怙，她的父母是谁，生在哪一天，可能连她自己都不知道。东坡收纳朝云二十三年，以往的诗文中从未见过给她庆祝生日的记载，此时突然给她写生日口号，看来病重之际祛病禳福是主要意图。

　　从绍圣元年（1094）十月二日东坡到惠州，到绍圣三年（1096）七月五日朝云染病去世，此间仅为十九个月零三天，这里的"三春"，只是三个年头的代称，因为在东坡的眼里，四季草木葱葱的岭南，无时不在春季，此时他的诗词，已经打破四季之限。

　　《太平广记》卷六十八《女仙类》有个故事，说太原人郭翰于盛夏之际，在月光下避暑乘凉，这时清风徐来，"稍闻香气渐浓……仰视空中，见有人冉冉而下，直至（郭）翰前，乃一少女也。明艳绝代，光彩溢目"，二人好合之后，那仙女方告诉他，自己就是天上的织女。七夕前后，织女未来相会，郭翰重见后，未免诘问，织女告诉他说，七夕这天是牛女相会之时，而"人中五日，彼一夕也"。后被天帝发现，织女不能再续前缘，只好派人送来两首诗，其中第二首云："朱阁临清汉，琼宫衔紫房。佳期情在此，只是断人肠。"东坡第五句的"事协紫衔之梦"，即据此而来。显而易见，东坡把朝云视作织女，因此就把七夕这天当作她的生日。朝云病逝于七月五日，也就是七夕前两天，东坡用"口号"来向天、神大声疾呼，挽留朝云，显然是在七夕之前不久，正是朝云弥留之际。

　　由于此文为四六骈体，后面的"口号"也全是女神典故，字句十分艰深，为了便于读者理解，笔者将它们改写成现代歌诗：

东坡给朝云写的祝词，俨然向着天神呼喊

织女啊，天上美丽的仙子！
人间五日，仅是你的一夕，
为何不能久留，偏要归去？
我来到岭南海边已经三春，
终日欢欣地赏着你的花枝。
琼宫衔着紫房，犹如梦境，
让我欢乐得像个白发小儿！
恩爱的人，只要你我相聚，
一杯薄酒也让我如醉如痴。
亲爱的朝云啊，我的女郎！
你是舜帝身边的娥皇女英，
又像南海的媚娘一样聪慧。
你是搜神记中的白衣素女，

怜悯孤苦伶仃的书生谢瑞，
悄然现身，为他烧饭洗衣。
你生怕我如张镐狂放不羁，
遇到酒便会喝得烂醉如泥。
早晨你飞去采摘新鲜杨梅，
傍晚你给我带来青绿莲子。
你的容貌犹如长新的玉女，
没有华贵的妆饰依然艳丽。
我被远谪千里流放到岭南，
你宽慰地说这像浮海孔子；
端午的五彩丝线绣成凤凰，
你愿陪我去追蹑太上老君。
我这可怜可悲的东坡居士，
此刻手擎千座山峰当酒杯，
世间万籁都为我奏起乐曲，
取来蓬莱方丈瀛州的贡品，
作为汤饼敬献给你的生日，
我弄来仙界里所有的美酒，
倾倒在一起为你祈求长寿。
循着你身上那美妙的香味，
天上的凉风纷纷飘来助兴；
那轮弯弯的明月也解人意，
升到楼角上为你点起蜡烛，
让我给你献上生日的祝福：

我与你来到罗浮山下已然度过了三春，
松根竹笋穿透台阶让我白天也得闭门。
李白处于此境尚且躲进水仙洞去修练，
紫箫仙人没出路只好依赖着玉华真君。

天容水色一望如碧这是属于我们的夜，
你的黑发放出光泽冰肤雪白如镜鉴人。
宇宙间凡有门户的地方都涌出春风吧，
我要看祝寿之声让浩瀚大海扬起红尘！

霜月孤光：　高情已逐晓云空

　　朝云走了，哪怕东坡倾得仙山美酒，唤来万籁之声，都无法阻住织女回归河汉的脚步。临终时，朝云口中诵着《金刚经》里的四偈：

> 一切有为法，如梦幻泡影。
> 如露也如电，应作如是观。

　　东坡尊重朝云的遗愿，于绍圣三年（1096）八月三日，将她葬在惠州西湖南畔的栖禅寺的松林里，亲笔为她写下《朝云墓志铭》，铭文也像四句禅谒：

> 浮屠是瞻，伽蓝是依。
> 如汝宿心，唯佛是归。

　　朝云葬后第三天，惠州突起暴风骤雨。次日早晨，东坡带着小儿子苏过，前来探墓，发现墓的东南侧有五个巨人脚印，于是再设道场，为之祭奠，并因此写下《惠州荐朝云疏》，其中说道：

> 轼以罪责，迁于炎荒。有侍妾朝云，一生辛勤，万里随从。遭时之疫，遘病而亡。念其忍死之言，欲托栖禅之下。故营幽室，以掩微躯。方负浣渎精蓝之愆，又虞惊触神祇之罪。而既葬三日，风雨之余，灵迹五显，道路皆见。是知佛慈之广大，不择

众生之细微。敢荐丹诚，躬修法会。伏愿山中一草一木，皆被佛光；今夜少香少花，遍周世界。湖山安吉，坟墓永坚……

栖禅寺的僧人为了悼念这位虔诚的信徒，在她安葬不久，便去化募善款，在她的墓前建了个亭子，东坡将它命名为"六如亭"。后人依据"六如"之意，在亭的两侧镌下对联：

如梦如幻如泡如影如露如电
不生不灭不垢不净不增不减

六如亭，朝云安息的地方

在朝云逝去的日子里，东坡不胜哀毁，除了上面提到的《朝云墓志铭》和《惠州荐朝云疏》，还写下《掉朝云诗并引》《西江月·梅花》《雨中花慢》和《题栖禅院》等诗、词、文章。此后，他在诗文里，在与朋友的通信中不止一次哀叹朝云，比如当年九月九日，他应当地友人之邀，参与重阳登高之会，就在诗篇里情不自禁地流露着内心的伤悲：

今年吁恶岁，僵仆如乱麻。

此会我虽健，狂风卷朝霞。

使我如霜月，孤光挂天涯。

西湖不欲往，暮树号寒鸦。

——《丙子重九二首》之一

岭南的瘴疫"狂风"卷走了他心爱的"朝霞"（朝云兼子霞），也让他不忍心再到惠州西湖一带观光流连。他说自己如同"霜月"（霜与"孀"同音，以女孀暗寓男鳏），孤独地挂在"天涯"。谁知此语成谶，第二年四月，他就被再度流放到"海角天涯"，被遥遥挂在儋州的天海一角。

"高情已逐晓云空"，自从他的"朝霞"被"狂风"卷走后，六十一岁的东坡此后再也没对任何女性有过亲近之望，他的情与爱，历经逃婚、恋爱、丧妻、续娶、为佳人所围困、继室早亡、爱妾仙逝之后，心如死灰，即便遭遇能使"沧海扬尘"的飓风，也不会再起任何波纹。

惠州西湖，东坡造就的美景，朝云点化了的胜境

"一自坡公谪南海，天下不敢小惠州。"（江逢辰《白鹤峰和诚斋韵》）东坡虽是被贬之人，仍在惠州整修西湖、增建桥梁、引水济民、推广秧马、扶困救危，既铸就一个个熠熠生辉的文化遗迹，也给当地百姓留下一串串娓娓动人的故事，而朝云的墓，则是他心爱之人的生命遗迹，上面沾

染着东坡先生的挚情和泪水。

东坡百年之后,朝云墓历久失修。南宋诗人刘克庄游宦到此,曾对墓地和六如亭进行修缮,为此他曾题下两首绝句:

> 吴儿解记真娘墓,杭俗犹存苏小坟。
> 谁与惠州耆旧说,可无抔土覆朝云?
>
> ——《六如亭》

> 昔人喜说坠楼姬,前辈尤高断臂妃。
> 肯伴主君来过岭,不妨扶起六如碑。
>
> ——《再题六如亭》

"真娘"是唐代苏州著名歌妓,她本姓胡,也因自幼失去父母,被人拐卖到妓院,后因不愿屈从老鸨胁迫,投缳而死。白居易、李商隐都有诗篇,对她深表哀悼。"苏小"为杭州名妓苏小小,南北朝时齐国人,李贺在《苏小小歌》里,曾用"幽兰露,如啼眼","草如茵,松如盖;风为裳,水为佩"来写她的幽寂冷艳;"坠楼姬"指西晋富豪石崇的爱姬绿珠,因她貌美如花,中书令孙秀索之不得,便设计将石崇处死,绿珠忠诚刚烈,跳楼而亡;"断臂妃"系传说中的吴王宫中嫔妃,宁愿自断其臂不甘受辱。刘克庄一口气举出四个名妓、烈女之事,以此形容朝云禀性高洁,且有气节,可见朝云在宋代人心中的地位。

明清时期文人学士题写朝云之事的诗词极多,比如钱谦益的友人程孟阳,曾借五首《朝云诗》寄托他对柳如是的倾慕。康熙王朝的翰林编修、江西才子史申义,也有一首题《朝云墓》,写得很有韵致:

> 散尽泥金蛱蝶裙,云蓝小袖剧怜君。
> 伤心白鹤峰前路,一树榕阴盖古坟。

然而，新会人何绛的《朝云墓》，则是更胜一筹：

> 试上山头奠桂浆，朝云艳骨有余香。
> 宋朝陵墓俱零落，嫁得才人胜帝王。

是啊，赵宋王朝从赵匡胤黄袍加身起，历现多少风云人物、风光政客，他们或一时称雄，或因政令、战绩而永载史册，然而真正能让王公贵人和平民百姓，甚至与其敌对的人都要心仪神往的，恐怕只有苏轼。置于河南巩县（今巩义市）的宋朝陵墓，与那个时代许多风云、风光人物的楼台亭阁早已凋零殆尽，然而只要东坡先生履迹曾至，便有胜迹遗存供游人仰瞻，真可谓"天马行空，蹄过迹名；羚羊窜野，噬草遗芝"。惠州朝云墓和六如亭，是这些遗迹中的珍品。笔者早年初访六如亭时，感慨之余，也曾有过七言拗句：

> 风云风光复风流，东坡万古永无休。
> 平湖肘内一抔土，艳压岭南百丈楼。

　　其实，吟咏朝云诗词写得最好的，还是生长在岭南的广东人。比如明初进士孙蕡，便是南海人，他共写下数十首吟咏东坡与朝云事迹的诗，其中有集句诗十首，形神皆有所似。现录其中（一）（三）（五）（十）：

> 家住钱塘东复东，偶来江外寄行踪。
> 三湘愁鬓逢秋色，半壁残灯照病容。
> 艳骨已成兰麝土，露华偏湿蕊珠宫。
> 分明记得还家梦，一路寒山万木中。
>
> 三生石上旧精魂，化作阳台一段云。
> 词客有灵应识我，碧山如画又逢君。
> 花边古木翔金雀，竹里香云冷翠裙。
> 莫向西湖歌此曲，清明时节雨纷纷。
>
> 浮云漠漠草离离，泪湿春衫鬓脚垂。
> 秋水为神玉为骨，芙蓉如面柳如眉。
> 钟随野艇回孤棹，蝉曳残声过别枝。
> 青冢路边南雁尽，问君何事到天涯？
>
> 零落残云倍黯然，一身憔悴对花眠。
> 南园绿草飞蝴蝶，落日空山怨杜鹃。
> 天若有情天亦老，月如无恨月长圆。
> 此声肠断非今日，风景依稀似去年。

　　清代道光年间，番禺出了个博学多艺的才子，名叫陈兰甫，他的见解也很特别。兰甫有《甘州》词，专咏朝云之事，词与序为：

> 惠州朝云墓，每岁清明，倾城女士，酹酒罗拜。坡公诗云：
> "丹成逐我三山去，不作巫阳云雨仙。"余谓朝云倘随坡公仙去，
> 转不如死葬丰湖耳。

渐斜阳、淡淡下平堤，塔影浸微澜。

问秋坟何处？荒亭叶瘦，发碣苔斑。

一片零钟碎梵，飘出旧禅关。

杳杳松林外，添做萧寒。

须信竹根长卧，胜丹成远去，海上三山。

只一抔香冢，占断小林峦。

似家乡水仙祠庙，有西湖为镜照华鬘。

休肠断，玉妃烟雨，谪堕人间。

　　这首词将六如亭和惠州西湖的景色融为一体，凄清幽冷，梵仙并誉，特别是将朝云视作"玉妃"，比喻得极为贴切，深得东坡本意。笔者每访此地，念及此词，不禁叹息。

今日详述朝云与东坡先生恩爱因缘之原委，忽觉兰甫之词虽然悲情戚切，却只道出冷艳结局，难将梅蕊天香、雪骨冰妍、琵琶声意、曼妙歌舞贯通融汇。笔者特将未尽之意，注入《雨中花慢》，谨依东坡之韵，祭奠他所终生怜爱的朝云，作为本书之终篇：

月兔香茗，
呈罢妙舞清歌，
森如云烟。
唤起高唐幽梦，
神女仙缘。
一曲琵琶，
渐传深意，
催放牡丹。
任榴艳桃夭，
杏红兰麝，
无掩霞灿。

狂风乍起，
玉肌冰骨，
雪映碧袖云蓝。
路渐转、
华堂倩影，
轻盈如燕。
谁料梅遗岭海，
瘴雾愁损娇妍。
六如亭下，
魂系坡老，
岁岁年年。